오십에 읽는
오륜서

인생의 변곡점 오십에는
인생관이 달라져야 한다

오십에 읽는

오륜서

김경준 지음

일에일북

인생의 변곡점에서
내면의 성찰로 승리하는 법

시간은 그 자체로 의미를 가진다. 평범한 일상적 행동이라도 오랜 시간 꾸준히 하면 습관이 되고 전통으로 자리 잡는다. 개인에게 시간의 흐름은 삶의 단계별로 다방면의 변화를 수반한다.

제한된 수명의 범위에서 생로병사의 과정을 거치는 인간에게 살아온 세월을 의미하는 시간은 신체적·정신적·개인적 변화와 함께 가족적·사회적 역할의 변화도 중첩시킨다. 동서고금을 불문하고 나이에 따라 달라지는 정서와 인생관의 관조와 성찰이 생겨나는 배경이다.

우리나라에서 나이에 따른 성취의 단계와 관련해 자주 접하는 문장은 중국 춘추시대 공자의 『논어(論語)』 「위정」 20장에 나오는 구절이다. "열다섯에 배움에 뜻을 두고(지학, 志學), 서른에 서고(이립, 而立), 마흔에 혹하지 아니하며(불혹, 不惑), 오십에 천명을 알았고(지천명, 知天命), 예순에 귀가 순해졌으며(이순, 耳順), 일흔에는 마음을 따라도 법도를 어기지 않았다(종심, 從心)."

소위 성인으로 일컬어지는 공자의 말씀이 오늘날의 일반인에게도 자기수양의 지향점으로 제시되며 자연스럽게 받아들여지고 있다. 하지만 1981년생 MZ세대의 동양철학자 임건순은 색다른 해석을 제시한다.

"일단 공자가 제시한 저 과제들이 보통 사람에게는 너무도 어렵다. 우리의 인생살이와 모순되는 것 같다. 열다섯에 학문에 뜻을 뒀다고 한다. 하지만 보통의 인간은 그 나이 때 공부는 제쳐두고 놀고 싶을 뿐이다. 서른에 이립했다고 한다. 어떤 뚜렷한 인생의 지향점이 섰다는 말인데 그때도 인간은 여전히 갈팡질팡한다. 또 마흔에는 유혹에 흔들리지 않았다는데 늘 정직하게만 살아온 사람들도 유혹에 흔들릴 때다. 예순에 귀가 순해졌다고 하는데 주변 어르신들을 보면 육십에도 귀가 절대 순해지지 않은 것 같다. 무엇보다 공자란 사람도 과연 저런 과제들을 나이대별로 성취했을까 하는 의문이 든다."

그는 '우리의 인생살이 특성과 공자의 겸손한 성격을 감안해 자부심 담긴 자기 인생 평가가 아니라 반대로 회한이 담긴 인생 회고로 읽어야 우리가 살면서 중심을 잃지 않게 하는 데도 진정으로 도움'이 되리라 해석한다.

"열다섯에 공부에 뜻을 뒀어야 했는데" (난 그러지 못했다)

"서른에 인생 방향성이 뚜렷해졌어야 했는데" (난 그러지 못했다)

"마흔에 유혹을 이기는 인간이 됐어야 했는데" (난 그러지 못했다)

"쉰에 천명을 알았어야 했는데" (난 그러지 못했다)

"예순에 귀가 순해졌어야 했는데" (난 그러지 못했다)

기존의 도식적 해석과 상반되는 도전적 관점이다. 개인적으로 신선하게 다가왔고 공감했다. 높은 경지에 오른 공자일지라도 실제로 나이대별로 꾸준하게 성취했는지에 대한 의문이 있었기 때문이다. 설사 공자는 그렇더라도 세상 풍파를 헤쳐 나가는 평범한 일반인들이 이런 경지를 향해 자신을 수양한다는 도덕률도 비현실적으로 느껴졌다.

다만 나이에 따라 인생의 단계별로 당면하는 현안에 대한 기준점이자 향후의 지향점으로는 의미가 있다고 본다.

2,500년 전 청동기 시대의 공자가 설파한 인생 단계가 21세기 디지털 시대의 우리에게도 시사점을 주는 이유는 삶의 근본적 측

면은 변하지 않았기 때문이다. 공자의 시대와 우리의 현재는 존재하는 시공간이 다르고 물질적·기술적 여건은 비교조차 불가능하다. 그러나 유한한 인생에서 거쳐가는 생로병사, 나이에 따른 가정과 사회의 역할 변화 등은 근본적으로 동일한 맥락에 있다.

공자의 인생 마무리는 70세였다. 평균 수명이 90세에 육박하는 현재와는 20년가량의 간극이 있지만 기본적 흐름은 다르지 않다. 수명이 늘어나며 연령대별로 느끼는 감각이 달라질 따름이다.

‖ 인생 정상의 변곡점, 오십의 고민 ‖

현 시점에서 50세는 인생의 정점에서 맞이하는 사회 경력, 가족 관계, 신체 건강 등 다양한 측면의 변곡점이 교차하는 시기다.

먼저 50세 전후는 사회 경력의 정점이다. 개인적 차이는 있으나 대략 40대 중후반부터 10여 년이 역량과 역할에서 최고점을 형성한다. 20대 후반부터 축적한 사회 경험과 평판에 기초해 각자의 영역에서 핵심적 역할을 수행한다.

가족적으로 부모님은 연로하시고 때로는 세상을 떠나셨는데 자식들은 성장기를 거쳐 20대로 접어들어 성인이 된다. 부모 세대가 퇴장하고 명실상부한 가정의 중심으로 자식들과의 관계도 상호 간 독립적 개인으로 재정립되는 시기다. 신체적으로는 젊은 시절과 다르게 한계를 느끼며 각종 경고 신호가 켜지기 시작한다.

50대는 사회 경력, 가족 관계, 신체 건강 등에서 정점으로 상승하는 동시에 서서히 하락 국면으로 접어드는 변곡점이다. 상승곡선의 추세를 일정 기간 이어가며 바람직한 마무리 단계로 접어드는지 의도하지 않은 방향으로 종결되는지 분기점을 이룬다.

사회 경력, 가족 관계, 신체 조건의 변곡점이란 각각의 개인이 가족과 사회에서의 인정과 역할에 비례해 책임과 부담도 변한다는 의미이기도 하다.

고민이 깊어지고 생각이 많아지면서 젊은 시절에는 상투적이라고 여겼던 동서양 고전들의 인생론 및 삶의 철학을 향한 관심과 공감이 높아진다. 또한 삶에의 책임감이 자신을 넘어 확장되어 다음 세대의 역할 모델이자 조언자로서 중요성이 커진다.

가정에선 성인이 되는 자식들에게 삶의 지혜와 원칙, 태도와 자세 등 어른으로서의 역할 모델이 된다. 비록 과거에 비해 커지는 세대 차이, 개성의 존중도 등이 다르지만 기본적으로 가족 내에서 부모의 역할은 마찬가지다. 사회에서도 후배들의 역할 모델로서 역량과 품성에서 좋은 모습을 보이고 귀감이 되어야 한다.

이런 대목에서 고전은 일종의 나침반 혹은 등대로서의 의미가 커진다. 수백 년에서 수천 년이라는 기나긴 시간의 계곡을 뛰어넘어 생명력을 유지하는 고전의 공통점이 인간 삶의 근본과 맞닿아 있기 때문이다.

‖ 최후의 승리자, 미야모토 무사시 ‖

『오륜서(五輪書)』가 440여 년 전의 일본이라는 시공간적 간극을 뛰어넘어 우리에게 현재적 의미를 가지는 이유도 마찬가지다. 『오륜서』의 저자 미야모토 무사시는 일본 전국시대 말기인 1582년에 태어나 도쿠가와 막부 초기 1645년에 64세로 생을 마감한 불패의 검객이다. 전설의 검성(劍聖)으로 추앙받으며, 자신이 실전에서 터득한 칼싸움 현장의 경험을 높은 정신력으로 갈무리해 도(道)의 경지로 승화시켰다. 성장기의 수련 과정, 청년기의 실전 경험, 장년기의 은둔에 이어 만년에 자신의 검술 비법, 승부관, 인생관을 집약한 『오륜서』를 남기고 세상을 떠났다.

흔히 '오륜'의 단어에서 조선시대의 지배적 통치이념이었던 유교(儒敎) 도덕의 세 가지 강령(綱領)과 다섯 가지 인륜(人倫)을 의미하는 '삼강오륜(三綱五倫)'을 떠올린다. 하지만 무사시의 『오륜서』와는 완전히 별개다. 한자를 봐도 삼강오륜(三綱五倫)의 '륜(倫)'은 도리를 뜻하지만 『오륜서』의 '륜(輪)'은 수레바퀴를 뜻한다.

삼강오륜이 봉건시대 공동체와 개인이 지향해야 할 여덟 가지 추상적 덕목의 개념이라면, 『오륜서』는 무사시가 수십 차례의 결투로 체득한 경험의 정수를 자연의 '땅(地), 물(水), 불(火), 바람(風), 하늘(空)' 다섯 개 영역에 비유해 집대성한 실전적 교훈이다.

무사시의 삶은 3부로 나눌 수 있다. 1부에선 13세에 결투를 시작해 30대 초반까지 검법을 연마하고 강호를 유랑하며 천하의 고수들과 60여 차례의 결투에서 승리하며 명성을 얻었다. 2부에선 홀연히 사라져 50대 중반까지 승부사의 삶을 반추하며 '병법의 도'를 정립했다. 3부는 1640년부터 1645년까지 6년간의 마무리다.

무사시는 그림과 서예, 전각에서 일정한 경지에 도달한 예술가이자 불교와 노장사상을 깊이 이해한 철학자로서 육체적 무기인 칼의 세계를 정신적 문화인 도(道)의 경지로 고양시켰다.

기존 관념이나 가르침에 의존하지 않고 오로지 자신의 신념에 따라 몸과 마음을 꾸준히 단련해 필살의 검으로 강호의 고수들과 대결했기에 최후의 승리자가 되었다고 회고했다.

‖ 『오륜서』를 관통하는 인생관과 승부관 ‖

『오륜서』도 '불교나 유교 등 그 어떤 가르침에도 의존하지 않을 것이며, 기존의 군기(軍記)나 군법서(軍法書)의 기록도 인용하지 않을 것이다.'라며 자신의 경험과 통찰에 기반했음을 분명히 했다.

무사시의 위대함은 통념화된 관념들의 영향을 받지 않고 직접 겪은 칼싸움의 경험을 내면적 성찰을 통해 무사도의 기반이 되는 보편적 사상으로 발전시켰던 부분이다.

『오륜서』는 도쿠가와 막부 시대의 200여 년 동안 일본에서 영향력이 가장 큰 병법서로 자리매김했다. 현재는 기원전 6세기 중국 춘추시대 제나라 출신 손무의 『손자병법(孫子兵法)』, 19세기 초반 유럽 프로이센 출신 카를 폰 클라우제비츠의 『전쟁론』과 함께 세계 3대 병법서로 인정받는다.

『오륜서』를 관통하는 인생관·승부관은 오늘날 우리에게도 살아 있는 교훈이다. 무사시는 칼싸움의 좁은 공간에서 출발해 승부사의 사생관, 세상과 사람들을 대하는 태도, 심신을 갈고 닦는 자기계발에 이르는 폭넓은 세계로 확장했다.

『오륜서』의 소재는 상대를 먼저 베는 검법이지만, 핵심 주제는 몸과 마음을 갈고 닦아 실전에서 승리하고 궁극적으로 높은 경지의 정신 세계로 나아가는 인생 철학이다.

본서는 『오륜서』 및 기획안에 해당하는 『병법 35개조』의 핵심 부분을 인용하고 해설하는 방식으로 구성했다. 『병법 35개조』를 현재 50대의 '인생 35개조'로 투영해보는 접근이다. 부록으로 자기수련의 정수가 간결하게 표현된 「독행도(獨行道)」도 실려 있다.

무사시의 삶과 원칙, 신념의 정수가 담겨 있는 저작을 통해 전설적 승부사의 사상과 철학, 인생관을 만나며 독자들도 인생을 더욱 현실적이면서도 원숙하게 마주하는 계기가 되길 바란다.

2023년 7월
김경준

차례

‖ 4부 ‖

흐름을 읽어 방향을 잡는 시간:
바람의 장

1부

튼튼한 기초를 확립하는 법

땅
地
의
장

땅은 기초다

새는 하늘을 날고, 물고기는 물에서 헤엄치며, 인간은 땅에서 살아간다. 인간은 땅에서 가족을 이뤄 집을 짓고 생업에 종사하며 삶을 이어간다. 그래서 생명을 유지하고 번성하는 기초적 공간인 땅의 성격에 따라 삶의 방식과 정신세계도 달라진다.

무사시는 검도의 기초를 땅에 비유하며 튼튼히 다져야 한다고 강조했다. 부실한 땅에서 건강한 삶이 지속되기 어렵듯 부실한 기초에서 탁월한 무사가 나올 수 없기 때문이다.

검도에서 땅과 같이 단단하게 다져야 하는 기초는 개인 차원의 실전 검술, 그리고 무기와 군사를 적재적소에 사용하는 역량, 마지막으로 필승 정신이다. 무사가 세 가지 기초를 다지고 추구하는 병법의 도(道)는 승리에 이르는 길이다.

무사는 일대일로 싸우든, 군사를 이끌고 싸우든 목표는 승리다. 물론 승패는 병가지상사(兵家之常事)라고 하듯 이길 수도 있고 질 수도 있다. 하지만 추구하는 목표는 승리여야 한다. 최선을 다하고 지더라도 패배에 불과할 뿐 결코 승리는 아니기 때문이다.

개인의 삶에서도 기초적 출발점은 현실을 직시하고 대처하는 능력, 주어진 자원과 여건을 활용하는 역량 및 강인한 정신의 삼박자다. 순간적으로 승패가 갈리는 검도와 달리 인간의 삶은 시간을 두고 부침을 겪게 마련이다.

주어진 잠재력을 충분히 발휘해 나름대로의 목표를 향해 꾸준히 나아간다는 점에선 병법의 승리와 일맥상통한다. 그리고 무사가 평소에 쌓은 실력이 순간의 승부에서 발휘되듯 일반인도 평소에 꾸준히 축적한 역량이 중요한 순간에 결정적 역할을 한다.

화려하나 실전에서 무력한 검술은 꽃만 있을 뿐 열매가 없는 것과 마찬가지다. 조급하거나 교만해 기초를 충분히 다지지 못하고 실전에 나서면 한계에 부딪히게 마련이다. 병법의 도를 터득하기 위해선 큰 것을 보고 작은 것을 헤아려야 하고 얕은 곳에서 더 깊은 곳으로 가고자 끊임없이 노력하며 기초를 다져야 한다.

겸손과 아량은 승리자의 특권

❀ ❀ ❀

불교의 도는 중생의 구제이고, 유교의 도는 학문의 연마이며, 의학의 도는 아픈 사람을 치료하는 것이다. 또한 시인의 도는 시(詩)를 지어 사람들에게 그 가치를 알리는 것이다. 무사는 일대일로 싸우든, 군사를 이끌고 싸우든 반드시 승리를 목표로 삼는다. 요컨대 병법의 도는 곧 승리의 도다.

–『오륜서』'땅의 장'

'국화와 칼'은 일본의 아이콘이다. 미국의 인류학자 루스 베네딕트가 1946년『국화와 칼』이라는 명저를 출간하면서 '국화와 칼'은 일본을 상징하는 아이콘이 되었다. 국화는 예술, 칼은 무력이다.

국화의 미학과 칼의 무력, 두 개의 이미지로 상징되는 일본 문화는 고도의 정신성에서 하나로 만난다.

그래서 일본에는 신(神)이 많듯 도(道)도 많다. 검도(劍道), 유도 (柔道), 공수도(空手道), 다도(茶道), 서도(書道) 등 스포츠부터 붓글씨를 쓰고 차 마시는 행동에 이르는 다양한 분야의 다양한 관점을 도(道)로 귀결시킨다.

검도는 일본에서 형성된 다양한 분야의 도 중에서도 원류이자 정수에 해당한다. 무사의 도, 병법의 도가 다른 영역과 구분되는 부분은 승리를 목표로 한다는 점이다. 글씨를 쓰는 서도, 차를 마시는 다도 등은 자기수양으로 충분하지만 승패가 갈리는 검도는 다르다.

승부에서 죽음을 각오하는 정신력은 중요하지만 승리는 다른 문제다. 또한 승패가 갈리는 승부의 세계에서 패배자가 설 자리는 없다. 우수한 무기로 무장하고 치밀한 작전 계획을 세워 전쟁에 나선 군대일지라도 전투에 패하면 그냥 패배자일 뿐이다. 무사시는 설파한다.

"흔히 사람들은 '의(義)'를 위해서라면 목숨까지도 기꺼이 바치는 사람을 진정한 무사라고 생각하는 경향이 있다. 하지만 죽음을 두려워하지 않는 건 비단 무사들만이 아니다. 속세를 떠나 수행의 길로 들어선 승려, 연약한 아낙네, 논밭을 일구는 농부, 그리고 신분이 비천한 사람들조차 '의'를 지키기 위해서라면 목숨을 걸 줄 안다. 구차하게 살아남기보다 떳떳하게 죽음을 맞고자 한다는 말이다. 그렇다면 무사가 그들과 다른 점은 무엇일까? 목표에 있다. 무사는 일대일로 싸우든, 군사를 이끌고 싸우든 반드시 승리를 목표로 삼는다. 그는 주군과 자신을 위해 싸우고 승리함으로써 명예를 얻는다. 요컨대 병법의 도는 곧 승리의 도라고 할 수 있다. 의외로 많은 사람이 병법의 도를 수련하더라도 일상생활에 전혀 도움이 되지 않을 거라 생각한다. 하지만 결코 그렇지 않다. 진정한 병법의 도를 터득한 사람은 어떤 어려움도 거뜬히 헤쳐 나갈 수 있는 진정한 승자임을 기억하라."

목표와 수단, 과정을 명확히 구분하는 무사시의 관점이 드러나 있는 부분이다. 무사는 꾸준한 수련의 과정을 통해 무기라는 수단으로 승리를 목표로 한다.

막연한 자기수양적 도덕론에 입각한 인생론의 함정에는 목표, 수단, 과정이 혼재하고 상호관계가 분명하지 않다는 공통점이 있다. 예를 들어 꾸준히 수련하는 바람직한 과정을 거치면 결과와 무관하게 그 자체로 의미가 있다는 자기만족적 정신승리로 귀결되는 유형이다.

물론 충실한 과정은 성공적 결과와 인과관계가 있다. 또한 과정에 충실했으나 결과는 미흡한 경우도 비일비재하다. 그리고 오늘의 실패를 경험 삼아 내일 성공할 수도 있다.

하지만 과정과 수단, 결과의 분명한 구분이 없고 뚜렷한 목표 의식이 부족한 가운데 과정 자체를 중요시하는 접근은 연속되는 정신승리의 예고편이 되기 쉽다. 목표가 분명해야 경험에 따른 교훈을 얻고 미래를 위한 자산으로 만들 수 있다.

무사시가 병법의 도를 꾸준히 수련하면 일상생활에도 도움이 된다고 말한 부분은 되새겨 볼 필요가 있다. 비록 무사가 아닐지라도 꾸준히 수련하는 과정에서 인내심을 배우고 어려움을 이겨내는 힘을 길러야 한다.

‖ 병법의 도는 승리의 도다 ‖

병법, 전쟁, 비즈니스, 스포츠 등 영역을 막론하고 승부가 판가름 나는 분야에서의 기본적인 도는 '이기기 위한 길'이다. 물론 '승패는 병가지상사'라고 하듯 승부에서 이길 수도 있고 질 수도 있지만 추구하는 목표는 승리여야 한다. 최선을 다하고 지더라도 패배에 불과할 뿐 결코 승리는 아니다.

당사자가 아닌 제3자 입장의 도덕군자들이 강조하는 '승자의 관용과 패자의 승복'은 바람직한 덕목이지만 현실 세계와는 거리가 있다. 승자의 관용과 패자의 승복 모두 승리의 효과를 극대화하거나 후일을 도모하기 위한 전략적 판단이다. 이런 면에서 소위 겸손과 아량은 강자(强者)와 승리자의 특권일 뿐 약자(弱者)와 패배자는 선택 불가능한 덕목이다.

겸손이란 남을 높이고 자신을 낮추는 것이기에 강한 자는 겸손하거나 거만해지는 선택 범위가 있다. 강한 자가 자신을 낮추는 건 겸손이고, 자신을 높이는 건 거만이다. 반면 약한 사람은 겸손해질 수 없다. 자신을 낮출 수 없기 때문이다. 약한 사람이 자신을 낮추는 건 비굴이고, 자신을 높이는 건 허풍이다. 너그럽고 속이 깊은 마음씨를 의미하는 아량(雅量)도 마찬가지로 승자의 특권이다.

무사시가 규정한 병법의 도에서 기본은 승리다. 정신적으로 높은 경지를 추구하는 자기수양이 아니라 분명하게 승리라는 현실적 목표를 설정하는 부분에서 무사시는 소위 막연한 도덕론자와는 구별된다.

무사라는 특수한 영역에서 추구한 목표인 승리를 다른 영역은 물론이고 일반인의 삶에 기계적으로 적용시키긴 어렵다. 하지만 승리를 각자 추구하는 바를 달성한다는 개념으로 바꾸면 의미가 확장된다. 병법의 도가 주는 교훈은 현실 세계의 삶에서 막연한 자기계발이나 정신 수양을 지양하고 분명한 현실적 목표를 설정하고 추구해야 한다는 점이다.

삶의 현실을 헤쳐 나가는 도의 경지

❀ ❀ ❀

병법의 도는 땅·물·불·바람·하늘의 다섯 장이다. 병법의 기초를 다진다는 의미에서 '땅', 병법자의 마음은 변화하는 물과 같이 유연해야 한다는 의미의 '물', 진행이 빠르고 변화가 극심한 싸움에서 평정심을 유지한다는 뜻의 '불'이다. '바람'은 다른 유파들의 병법을 살펴봄으로써 지피지기 백전백승하기 위함이며, '하늘'은 스스로 참다운 병법의 도를 터득하는 궁극의 경지를 의미한다.

–『오륜서』'땅의 장'

무사시는 자신의 검법을 '양손에 장검과 단검을 들고 사용하는 최고의 법'이라는 의미에서 '니텐이치류(二天一流)'로 명명했다. 사무

라이가 휴대하는 긴 칼과 짧은 칼 두 자루를 하늘에 비유해 '두 자루의 칼을 사용하는 지상 최고의 단 하나의 방법'이라는 의미였다. 훗날 1776년 도요타 카게히데가 집필한 무사시 평전『니텐기(二天記)』에서 무사시가 검법의 이치를 땅·물·불·바람·하늘이라는 다섯 가지 자연 현상의 원리로 접근했다는 차원에서 다섯 개의 수레바퀴로 비유하며『오륜서』의 명칭이 유래했다.

‖ 자연의 이치를 삶에 투영하라 ‖

땅은 기초다. 모든 분야가 그렇듯 검도에서도 기초를 튼튼히 다져야 발전하고 확장할 수 있다. 조급해하거나 교만해 기초를 충분히 다지지 못하고 실전에 나선 무사는 곧 한계에 부딪히게 마련이다.

병법의 도를 터득하기 위해선 큰 걸 보고 작은 걸 헤아릴 수 있어야 하고, 얕은 곳에서 더 깊은 곳으로 가고자 끊임없이 노력하며 기초를 다져야 한다. 흔히 병법의 수련과 일상생활은 무관하다고 생각하지만, 진정한 병법의 도를 터득한 사람은 어떤 어려움도 거뜬히 헤쳐 나가는 진정한 승자가 될 수 있다.

물은 유연성이다. 기초는 닦았는데 유연성이 없으면 정체되고 응용이 어렵다. 물은 어떤 모양의 용기에 담는지에 따라 형태가 변한다. 네모가 되었다가 동그라미가 되기도 하고, 작은 물방울이 되었다가 끝을 알 수 없는 광활한 바다가 되기도 한다. 이렇듯 병법자의 마음과 태도는 환경에 따라 변하는 물처럼 유연해야 한다.

불은 변화에 대한 대처능력이다. 역동적이고 변화무쌍한 전투에 대처하기 위해선 역설적으로 평정심을 유지해야 한다. 싸움은 걷잡을 수 없이 커지는가 하면 한순간 금방이라도 꺼질 듯 작아지는 변화무쌍한 불과 매우 흡사하다. 혼자든 많은 군사를 이끌고 싸우든 병법의 기본은 동일하다. 그러므로 상대방의 미세한 변화도 꿰뚫어볼 수 있는 날카로운 안목을 기르고 소소한 것에도 주의를 기울이는 세심함을 갖추기 위해선 평소 수련을 통해 어떤 상황에서도 흔들리지 않는 평정심을 기르는 게 중요하다.

바람은 유행이고 경쟁자다. 바람 '풍(風)'에는 '신풍(新風)', '구풍(舊風)', '가풍(家風)' 등 다양한 변화 유형의 뜻이 있다. 병법의 기본은 변함없지만 흐름은 항상 변한다. 기본을 유지하면서 다른 유파 검법의 흐름을 파악하고 세상 변화를 따라가야 최고의 기량을 유지할 수 있다. 지피지기 백전백승, 남을 알아야 나를 알고 비로소 상대를 제압해 싸움에서 승리할 수 있다.

하늘은 가능성이다. 도의 경지는 무한하다. 병법은 시작과 끝을 알 수 없고 하늘과 같이 안(기본)과 바깥(비법)의 구분이 없다. 따라서 병법의 도를 터득한 후에는 얽매이지 말고 새로운 경지를 추구해야 한다. 인간의 편협함을 자각하고 마음을 바르고 올곧게 하며 꾸준히 연마하고 터득해야 지혜와 진리가 있는 하늘의 경지에 오를 수 있다.

중국 춘추전국시대에 태동한 자연철학 세계관인 음양오행설(陰陽五行說)에선 목·화·토·금·수를 우주 생성·변화의 다섯 가지 원소로 정의하지만 무사시의 오륜은 땅·물·불·바람·하늘이다.

음양오행설과 땅, 물, 불은 공통적이나 바람과 하늘은 실전 경험에서 도출한 무사시의 독창적 아이디어다. 당시의 전통적 자연관인 음양오행과 검도의 실전 경험을 결합시켜 다섯 가지 자연적 현상으로 압축했다.

무사시는 삶과 죽음의 냉엄한 현장인 칼싸움을 통해 삶과 죽음을 초월하는 구도자의 삶으로 나아갔다. 눈에 보이는 현상에서 눈에 보이지 않는 본질로 나아갔다. 육체적 무기인 칼의 세계를 정신적 문화인 도의 경지로 고양시켰다.

그래서 『오륜서』는 추상적 지식이 아니라 삶의 현실을 헤쳐 나가는 승부사의 본질을 추구하는 점에서 시대를 뛰어넘는 가르침이 되었다.

화려한 외양 아닌
본연의 자세로

⊗ ⊗ ⊗

병법을 단순히 싸움에 치중하는 검술로 국한하는 건 바람직하지 못하다. 검술 하나만으로는 전쟁에서 다수의 적을 제압할 수 없거니와 일대일 싸움에서조차 상대를 누르기 어렵다. 그런데도 다양한 기교를 선보이며 사람들의 눈을 현혹시켜 이익을 추구하려는 자들이 너무 많다. 비유컨대 꽃만 있을 뿐 열매가 없는 형국이다. — 『오륜서』 '땅의 장'

검술과 검도·병법은 다르다. 칼을 쓰는 기술이나 기예는 검술이다. 검술에는 능통해도 검도·병법에는 이르지 못한다. 병법은 이기는 기술을 넘어선 이기는 철학이기 때문이다.

무사시의 관점에서 시류를 따르고 유행에 영합하는 유파는 화려한 외양과 정교한 기술을 내세워 병법을 자처하지만 남에게 보여주기 위한 과시용에 불과하다.

무사시는 "중국과 일본에선 예로부터 병법의 도를 터득한 사람을 일컬어 병법자(兵法者)라고 불렀다. 그런데 오늘날 스스로를 병법자라고 칭하며 사람들을 현혹시키는 자들이 있다. 그들 대부분은 화려한 검술을 익혀 사람들의 눈을 현혹시키려 할 뿐 무사라면 당연히 연마하고 터득해야 할 병법의 도를 깨닫지 못한 자들이다."라고 비판했다.

당시 단시간 내에 무예를 습득하려는 성급한 풍조가 팽배했는데, 진정한 병법의 도가 아니라고 규정했다. 외양으로 드러나는 화려한 꽃만 있을 뿐 승리라는 결실이 없는 일종의 쇼비즈니스로 유행을 따르는 일부 유파들이 병법의 본질을 흐리고 오해를 불러일으킨다고 봤다.

무사시는 당시 세간에서 각광받던 일부 유파의 화려한 검술이 보기에는 좋지만 실전에선 무력하다고 평가했다. 실전의 승리와는 동떨어진 연예인의 공연에 불과하다고 일축한 셈이다.

일본 중세시대를 지배한 무로마치 막부가 몰락하고 도쿠가와 막부가 성립되는 130여 년의 기간을 전국시대라고 한다. 빈천한 태생이었던 도요토미 히데요시는 전국시대 후기의 최강 다이묘(大名, 영주) 오다 노부나가 수하에서 입신해 장수의 반열에 올랐다.

1582년 일본 천하통일을 목전에 두고 있던 노부나가는 부하 장수 아케치 마츠히데의 반란으로 전사하고 말았다. '혼노지의 변'이다. 히데요시는 주군에 대한 복수를 기치로 내걸어 반란을 진압하고 노부나가의 세력을 인수해 최강으로 부상했다.

1598년 히데요시가 사망하고 불과 2년 후인 1600년 도쿠가와 이에야스가 반기를 들었다. 히데요시 측의 동군, 이에야스 측의 서군으로 나뉘어 맞붙은 세키가하라 전투가 벌어지고 서군이 승리하며 이에야스가 주도권을 잡는다.

이후 오사카 전투에서 이에야스가 히데요시의 잔여 세력을 말살시키면서 전국시대는 막을 내린다. 평화기로 접어들며 성립한 도쿠가와 막부가 260년간 지속된다.

‖ 화려한 꽃보다 충실한 열매 ‖

무사시는 전국시대 말기 도요토미 히데요시 집권기에 태어나 활동했다. 전쟁이 일상이던 혼란기에 가문·개인의 운명도 격변했고 무술과 병법은 생존과 출세에서 가장 중요한 능력이었다. 무사시의 수련기와 활동기인 전국시대는 실전의 현장에서 생사가 판가름 나는 엄혹한 시기였다.

하지만 일본의 판도를 결정한 세키가하라 전투 이후 안정기로 접어드는 1612년, 무사시는 결투를 중단하고 잠적한다. 30여 년이 흐른 1640년 58세의 무사시는 다시 세상에 나와 무사로서 자신의 삶과 경험을 반추한다.

그는 전쟁이 끝난 평화기에 들어서며 검술의 본질이 희미해지고 연예 이벤트처럼 변질되고 있음을 지적한다. 비록 시대적 여건은 변했지만 검술 본연의 자세는 유지되어야 한다는 것이었다. 화려한 꽃이 아니라 충실한 열매를 보라는 가르침의 배경이다.

즉 검술이란 멋진 동작과 기합 소리라는 화려한 꽃이 아니라 군더더기 없는 정갈한 공격으로 적시에 상대를 제압하는 충실한 열매가 핵심이라고 본 것이다.

예나 지금이나 겉은 번지르르하게 화려하고 실제 내용은 없으면서 세간을 현혹시키는 현상은 흔하게 나타난다. 화려하고 매력적인 외양으로 세간의 인기를 모으지만 정작 실제 상황에선 무기력하게 변죽만 울리는 부류들이다.

막연한 전망과 근거 없는 희망으로 버무려진 재테크 이론, 기업 성과와는 거리가 있는 도덕론적 경영학, 추상적 당위론에 매몰된 리더십 이론, 갈등의 미봉에 급급한 인간관계론 등이다.

세상사가 날이 갈수록 복잡해지는 데다 정보화 사회를 맞아 지식이 보편화되고 접근성이 높아지면서 이런 현상은 더욱 늘어나고 있다. 인간은 새롭고 재밌는 걸 추구하는 반면 다양한 분야에서 체득하는 지식과 경험은 한계가 있어 쉽게 속기 때문이다.

고수익을 보장하는 소위 투자 전문가라는 사기꾼에 엮여 피해를 입는 경우가 끊임없이 발생하듯, 분야별로 얼치기 전문가들의 화려한 언변에 감성적 호소로 포장된 요설로 순박한 사람을 현혹시키는 사례가 계속된다. 중심을 잡으려면 매력적일수록 조심하고 분명한 목표와 실질적 과정이 뒷받침되는지 주목해야 한다.

적재적소의 안목이
리더의 핵심역량

무사의 우두머리인 무장을 목수에 비유하면 도편수(都片手)라고 할 수 있다. 건물을 지을 때 도편수는 재목을 적재적소에 배치하고 각 목수의 솜씨를 파악해 작업을 지시한다. 진정한 도편수란 재목의 상태와 목수의 솜씨를 잘 파악하고, 작업이 진척되는 상황을 정확히 판단하며, 도리에 어긋난 일은 하지 않고, 목수의 마음도 깊이 헤아려야 한다.   -『오륜서』'땅의 장'

일대일 싸움이든 대규모 전투든 승리로 이끄는 병법의 도는 동일하다. 한 명을 상대할 때는 자신의 마음을 무장으로 삼고, 손과 발을 부하 장수로 삼고, 몸을 병졸로 삼아 군사를 이끌듯 몸과 마음을 움직여야 한다.   -『병법 35개조』'2조'

도편수는 과거 건축을 책임지는 대목수로, 오늘날 건설 회사의 현장 책임자에 해당한다. 도편수가 제대로 일을 하기 위해선 건축물 전체의 설계를 충분히 이해하고 인력과 자재를 적재적소에 배치해야 한다. 목수들의 역량에 따라 적절한 일을 부여하고 재목의 특성에 따라 올바른 쓰임새를 찾아주는 안목이 도편수의 핵심역량이다. 아무리 뛰어난 도편수라도 혼자 건물을 지을 순 없다.

따라서 건물을 짓기 위한 기술과 경험을 바탕으로 물적 자원과 인적 자원을 적절히 조합해 목표를 이뤄내는 현장 리더인 도편수의 핵심 키워드는 적재적소다. 적절한 자재를 사용하고 적절한 인력을 배치해야 주어진 기간과 예산으로 건물을 완성할 수 있다.

혼자서 싸우는 무사와 달리, 많은 무사를 거느리고 전투를 치러야 하는 무장의 핵심역량도 도편수와 마찬가지로 적재적소다. 무사 각각의 역량을 파악하고 장점을 살려 적절한 임무를 부여해 강한 조직을 만들어 승리한다. 생사의 갈림길을 앞에 둔 무사들이 동요하지 않고 자신감에 충만해 전투에 나서게 해 승리를 거두는 게 요체다.

도편수든 무장이든 조직을 이끌어가는 리더에게 가장 중요한 역량인 적재적소의 안목은 주어진 목표 달성에 적합한 사람을 정확히 알아보는 것이다. 도편수는 건물을 제대로 지을 수 있는 인재를 선발해야 하고, 무장은 승리할 수 있는 재목을 알아봐야 한다.

사회생활에서 연륜이 더할수록 안목의 중요성이 커진다. 30대까진 시키는 일을 하는 입장이지만, 40대에 들어서면 점차 일을 시키는 입장이 된다. 50대부턴 방향을 정하고 자원을 동원하고 사람을 선발해 조직을 구성하고 이끌어가는 경우가 많아진다.

사람들의 품성과 능력을 정확하게 보고 다양한 특성을 가진 사람들의 상호 역학관계도 이해하면서 적재적소에 배치하고 팀을 구성해 이끌어가는 능력이 중요하다.

여기서 핵심은 목적에 따라 자원을 동원하고 인재를 골라야 한다는 점이다. 전쟁에선 승리, 정치 정당은 집권, 사회단체라면 영향력, 기업이라면 성장·이익과 같은 분명한 목표에 집중해야 한다. 목적이 희미하면 선정 기준에도 혼선이 오고 결과적으로 이것도 저것도 아닌 연예인의 인기투표처럼 의사결정이 혼탁해진다.

‖ "나는 지금 그가 필요하다" ‖

미국 남북전쟁 당시 에이브러햄 링컨 대통령은 율리시스 그랜트 장군을 북군 총사령관에 임명했다. 하지만 그랜트는 고집이 강하고 거친 성격 때문에 반대자가 많았다. 또한 다른 장군들이 후방의 사령부에서 하인들을 거느린 반면 그랜트는 전투 현장의 들판에서 자고 목욕을 자주 하지 않아 몸에선 항상 냄새가 진동해 촌뜨기로 취급받았다. 그러나 그는 승리만을 생각했고 많은 전투에서 이겼다. 많은 사람이 반대했지만 링컨은 "그랜트 장군은 전투를 할 줄 안다. 나는 지금 그가 필요하다."라고 결론을 내렸다.

제2차 세계대전에서 영국의 윈스턴 처칠 총리는 북아프리카를 침공해 연전연승하고 있는 독일군 사령관 에르빈 롬멜에 대적할 영국군 사령관으로 깡마른 고집쟁이 버나드 몽고메리를 발탁했다. 몽고메리를 보좌할 예하 군단장으로 영국 육군 골프 챔피언으로 머리가 좋고 승마선수로 사교계에서도 인기 있는 미남 장군이 강력하게 추천되었다.

하지만 몽고메리는 일축하며 말했다. "우리 영국군은 말을 타고 싸우지 않고 전차를 타고 싸운다. 매일 골프 연습을 하고 자주 골프장에 나가야 골프 챔피언이 된다. 사교계는 여자들의 치마폭이며 매너와 멋은 머리에 기름을 바르고 향수를 뿌리는 것이다. 그는 전장을 모르고 롬멜도 모르며 군사 서적을 읽고 고민한 사람이 아니다. 그런 사람에게 영국 젊은이의 생명을 맡길 수 없다."

중국을 최초로 통일했으나 단명한 진나라 말기, 초의 항우를 꺾고 천하를 통일한 한의 유방은 술회했다. "전쟁에서 전략을 세워 승부를 거는 면에서 나는 장량만 못하다. 나라를 다스리며 경제를 돌보는 면에서 소하에 못 미친다. 또한 군대를 통솔하고 전투에서 이겨 적의 성을 함락시키는 면에서 한신만 못하다. 그러나 걸출한 세 인재의 지혜를 빌린 게 내가 천하를 제패할 수 있었던 가장 큰 원인이다."

반면 항우는 군사적 재능은 출중했지만 범증 같은 탁월한 전략가를 곁에 두고도 제대로 활용하지 못했고, 당초 수하에 있었던 한신의 군사적 재능을 알아보지 못해 상대편인 유방 진영으로 이탈하는 등 용인술의 한계로 결국 패배자가 되었다.

　도편수나 무장이나 마찬가지로 가장 중요한 역량은 적재적소의 안목이다. 목수로서 탁월한 역량을 갖추고 동료 목수들의 역량을 이해해 적재적소에 활용하는 유능한 도편수는 하루아침에 만들어지지 않는다. 올바른 품성을 갖춘 젊은이가 건축 현장에서 목수를 보조하는 단순 기능공으로 시작해 오랜 과정을 거쳐 배우고 실력을 쌓아야 도편수의 자리에 오른다. 무사도 마찬가지로 칼 잡는 법을 배우는 것부터 시작해 점차 기술을 익히고 연마해 무장으로 성장한다.

오십에 읽는 오륜서

리더로서의 능력, 전략가로서의 능력

니텐이치류에선 무기의 길이와 상관없이 싸움에서 이기는 병법 연마가 목적이므로 무기의 길이에 특정한 제한을 두지 않고 어떤 무기로든 상대를 이기는 병법의 도를 추구한다. 하나를 보고 스스로 깨우쳐 만 가지를 헤아리는 게 병법의 길이며, 스스로 노력하며 병법의 도를 터득하려면 헤아리지 못할 게 없기 때문이다.

–『오륜서』 '땅의 장'

일본 전국시대 무사들은 기본 무기로 두 자루의 검을 허리에 찼다. 무사시의 시대에는 주무기로 사용하는 길이 80cm 내외의 장검을 다치(太刀), 다치가 부러진 상황이나 좁은 공간에서 사용하는

40cm 내외의 단검을 와키자시(脇差)라고 불렀다. 보조무기인 와키자시는 패배한 무사의 할복자살용이기도 했다.

무사시가 창시한 유파는 두 자루의 검을 모두 사용하도록 가르쳤기에 '두 자루 검의 이치를 깨닫는다.'라는 의미에서 니도이치류(二刀一流) 또는 니텐이치류(二天一流)라고 칭했다. 무사시는 두 손에 두 자루의 칼을 각각 들어야 전투력이 극대화된다고 봤다.

60여 차례의 실전 경험에서 두 자루의 칼을 동시에 들고 싸우는 게 효과적이라고 깨달은 결과물이다. 당시 일부 유파에서 한 자루의 칼로 싸우는 걸 기본으로 정한 입장과 구별된다. 하지만 두 자루의 칼을 동시에 들고 싸우기 위해선 배전의 노력과 연습이 필요하며 그에 따른 수련이 요구된다.

긴 칼과 짧은 칼 나름대로 적절한 용도는 있으나, 이 용도조차 일반적 범주에서 벗어나 사용하도록 강조한다. 즉 좁은 공간에선 일반적으로 짧은 칼이 효과적이나 때로는 긴 칼이 더 유용한 상황도 있다는 것이다. 무사시는 무기 사용에 절대적 법칙은 없으며, 무기는 승리를 위한 도구일 뿐이라는 점을 분명히 했다. 소위 피상과 본질, 수단과 목적의 구분을 강조한다.

무사시가 모든 결투에서 승리했던 건 적과 상황에 따라 적절하게 전술과 무기를 바꿨기 때문이다. 정점은 1612년 4월 13일, 긴 칼을 사용하는 간류(岩流)의 고수이자 천하무적으로 인정받던 사사키 코지로와 작은 섬 후나지마(船島)에서 벌인 승부다.

해당 지역을 다스리던 다이묘가 정식으로 인정해 세간의 관심을 모은 결투 장소에 무사시는 약속 시간에서 두 시간이 지나도록 도착하지 않았다.

　　섬에서 긴장한 상태로 오랜 시간 기다리며 약이 오른 코지로의 시야에 육지에서 천천히 다가오는 작은 배가 들어왔다. 무사시는 배 위에 느긋하게 앉아 칼로 긴 노를 깎고 있었다.

　　자신을 지켜보는 많은 사람의 면전에서 치욕감을 느끼고 분기탱천한 코지로는 배가 해변에 다다를 즈음 장검을 뽑아 무사시를 향해 달려갔다. 단칼에 베려고 휘두르는 코지로의 칼을 피한 무사시는 긴 노를 휘둘러 코지로의 발을 쳐 넘어뜨린 다음 머리를 쳐서 즉사시켰다.

　　천하제일의 명성을 얻고 있던 코지로는 무사시도 이기기 어려운 상대였고 결투 장소는 상대방의 본거지였기에 지리적으로도 불리했다. 무사시는 전통적인 방식으로 예측 가능한 장소에서 싸워선 승산이 낮다고 생각해, 상대방의 심리를 흔들고 의외의 무기로 승리를 거뒀다. 약속 시간에 일부러 늦게 나타나 천하 고수의 자부심으로 충만하던 상대방에게 본거지의 군중 앞에서 모욕감을 느끼게 해 심리를 흔들었고 상대방의 긴 칼보다 더 기다란 나무 노로 일격을 가해 마무리했다.

‖ 손정의가 존경한 오다 노부나가의 능력 ‖

일본 소프트뱅크의 창립자 손정의 회장은 치밀한 전략에 기반한 적극적 M&A로 디지털 격변기 산업 변화의 중심에 섰다. 손 회장이 중학생 때부터 가장 좋아하는 인물은 16세기 중반 조총을 도입해 전국시대를 실질적으로 제패한 오다 노부나가다.

노부나가는 1543년 포르투갈 상인을 통해 일본에 전래된 조총으로 무장해 1575년 나가시노(長篠) 전투에서 당시 천하무적으로 인정받던 다케다가(家)의 철갑기병군과 싸워 이기며 유력 세력으로 떠올랐다.

손 회장은 "최첨단 무기를 발명하지 않아도 무방합니다. 노부나가가 천하를 얻은 건 철포를 발명했기 때문이 아니고, 발명되어 있는 앞선 문명의 이기를 최대한 빨리 활용했기 때문입니다."라고 평가하며 "노부나가는 총을 뛰어나게 잘 다뤘다든지 하는 전술적인 차원에서 특별하게 우수했던 게 아닙니다. 노부나가에게 총은 천하를 차지하기 위한 도구에 불과했습니다. 총을 많이 모으는 게 목표가 아니라, 어디까지나 목표는 천하를 차지하는 것이었습니다. 노부나가가 뛰어났던 점은 지휘관으로서의 능력과 전략을 세우는 능력이었습니다."라고 말했다.

무사의 모든 몸동작은 상대편을 베기 위한 것이고 칼을 비롯한 무기는 도구다. 도구는 승리에서 중요하지만 좋은 도구가 곧 승리를 의미하진 않는다. 또한 도구에 집착하면 목적과 수단이 혼동되어버린다.

　개인의 삶에서도 마찬가지다. 경력, 지식, 인맥 등은 모두 중요하지만 어디까지나 삶의 도구에 불과하다. 삶의 지향점이 불분명하면 도구가 목적이 되어버린다.

생명력을 오래 유지하는
원전의 무게감

⊗ ⊗ ⊗

활·총·창 등의 무기를 사용하는 무예(武藝)는 병법의 일부다. 그럼에도 굳이 다치를 잘 다루는 사람을 일컬어 '병법자'라고 부르는 까닭은 다치로 자신을 수양하고 세상을 다스리기 때문이다. 요컨대 다치는 병법의 원류(原流)다. 다치를 휘두르는 요령을 터득하면 혼자서도 10명을 능히 이길 수 있다. 혼자서 10명을 이기면 100명이 1천 명을 이기고, 1천 명이 1만 명을 이길 수 있다.

－『오륜서』 '땅의 장'

모든 건 시작과 끝이 있다. 생명체는 출생부터 죽음까지의 시간이 수명이다. 종교, 사상 등의 추상적 개념도 시작점에서 출발해 전파

오십에 읽는 오륜서

되고 확장되다가 소멸되는 과정을 거친다. 인류 문명이 시작된 이래 수많은 개념, 제도, 방법론 등이 다양한 양상으로 명멸하면서 금세 사라지기도 하고 오랜 시간 생명력을 유지하기도 한다.

수백 년, 수천 년을 뛰어넘어 지속적으로 확장되고 정교해지며 오늘날에도 문명의 기반을 이루는 종교, 사상, 제도는 발전 과정에서 각자 나름대로 정통성과 보편성을 확보해 소위 원류, 원전, 오리지널이 정립된다. 그리고 원전을 해석하고 변용해 파생되는 콘텐츠가 관련자들의 이해를 돕고 영향력을 확장시킨다. 거대 담론만이 아닌 음악, 미술, 드라마, 패션, 음식, 스포츠 등 실용적 차원의 모든 영역에서도 공통적이다.

다양한 영역에서 명멸하는 다채로운 트렌드에는 원류, 원전이되는 출발점과 형성, 확산 과정이 있다. 각자의 직업에 따른 필요성, 취미로 인한 관심 등으로 특정 영역에 접근하는 경우에는 적절한 단계에서 원류, 원전을 접하는 게 중요하다.

처음에는 이해하기 쉬운 해설서, 축약본, 요약본 등으로 시작해 적절한 단계에서 소위 원전, 오리지널을 접하면 이해의 폭이 확장되고 깊어진다. 그러면 원전을 설명하고 해석한 다양한 변주 콘텐츠의 특성과 한계도 보이며 자신의 생각을 발전시켜 나가는 기반이 마련된다.

‖ 원류를 알면 지류도 통달한다 ‖

원전, 오리지널을 접할 필요성과 관련한 개인적 체험이 있다. 1990년대 중반, 민간 경제연구소에서 근무하던 시기다.

정보화 시대가 도래해 컴퓨터와 인터넷이 기업 경영 전반에 도입되면서 프로세스, 혁신 등의 개념이 주목받고 있었다. 소속 팀에 프로세스 혁신, 즉 BPR(Business Process Re-engineering)에 관한 보고서 작성 업무가 부여되었다. 지금은 BPR이 보통명사지만 당시는 프로세스 개념도 생소했다.

일단 자료실에서 상당 분량의 관련 자료를 모아 읽었지만 이해하기도 어려웠다. 국내에 출간된 해설 자료를 위주로 요약 정리를 잘하는 일본 자료를 통해 대충 이해는 되었으나 명확한 개념이 잡히지 않았다.

고심하다가 BPR의 원전으로 평가받던 마이클 해머와 제임스 챔피의 『리엔지니어링 기업혁명(Reengineering the Corporation)』을 읽어봐야겠다는 생각이 들었다. 앞서 읽었던 해설서, 요약서 형식의 국내 및 일본 도서들은 쉬운 설명에 도표, 그림도 풍부했다. 반면 이 책은 방대한 분량에 도표, 그림도 없어 부담감이 컸다.

해설서 요약으로 보고서를 쉽게 작성하려다가 개념이 정리되지 않아 어쩔 수 없이 어려운 원전까지 가게 된 것이다. 시간은 걸렸지만 개념이 명확해졌고 원전의 중요성과 의미를 실감했다.

2017년 어느 날, 집에서 작업하던 PC 화면이 갑자기 바뀌더니 '파일이 암호화되었다.'라는 안내문이 떴다. 랜섬웨어에 감염된 것이었다.

안내문에 따라 해킹 사이트에 접속해 보니 일정액의 비트코인을 내면 암호를 풀어주겠다는 내용이었다. 말로만 듣던 랜섬웨어와 가상화폐를 현실에서 접하는 경험이었다.

다행히 주요 파일을 백업했기에 오히려 호기심으로 암호화폐와 관련해 이런저런 자료를 접하기 시작했다. 여타 해설서들보다 비트코인 창시자로 간주되는 나카모토 사토시의 『비트코인 백서(Bitcoin white paper)』가 큰 도움이 되었다. 기술적 내용이 많아 이해하는 데 한계가 있었지만 새로운 현상인 가상화폐에 관한 이해의 폭이 넓어졌다.

주식 및 부동산 등 자산시장의 변화에 따라 재테크를 향한 관심도 부침을 겪는다. 주식 투자에 관한 콘텐츠도 많이 나오고 나름대로의 방법론을 제시한다. 이 분야에도 소위 원전에 해당하는 저작들이 있다.

벤저민 그레이엄의 『현명한 투자자(The Intelligent Investor)』가 대표적이다. 영국 태생의 미국 투자자이자 경제학자로서 증권 분석의 창시자, 가치투자의 아버지로 평가된다. 급변하는 주식시장에서 1949년의 투자 철학이 오랜 기간 생명력을 유지하는 원전의 무게감이 있다.

서점에 깔려 있는 다양한 주식 투자 서적의 상당수가 『현명한 투자자』의 변주곡이라고 본다. 시류를 따라 쏟아져 나오는 재테크 책과는 다른 차원의 관점과 통찰이 느껴지는 원류다.

2000년대 들어 자기계발 트렌드가 확산되면서 수많은 콘텐츠가 쏟아져 나왔다. 이 분야에서도 새뮤얼 스마일스의 『자조론(self-help)』이 원류에 해당한다.

"하늘은 스스로 돕는 자를 돕는다."라는 유명한 어구로 시작해 자신에게 진실하면 만인에게 통하고 성공에 이른다는 개념은 자기계발 분야의 핵심 개념으로 자리 잡았고 전 세계에 큰 영향을 끼쳤다. 시중에 범람하는 부박한 정신승리류의 달콤한 자기계발서와는 차원이 다르다.

서양에선 중세·르네상스를 거치며 종교와 세속이 분리되고 집단에서 독립된 개인의 개념이 출현했다. 이런 맥락에서 개인적 삶과 성취가 신이 아닌 자신의 노력에서 비롯된다는 철학적·사상적 흐름이 근저에 있는 고전이다.

눈에 보이는 현상과 트렌드라는 지류의 기원에 해당하는 원류에 접근하면 전체적 구조를 이해하고 무엇보다 나의 관점을 정립하는 출발점이 된다. 원류를 접하지 않고 타인의 해설이나 손쉽게 접근하는 요약서를 맴돌면 한계가 분명하다. 어떤 분야나 일정 수준 이상이 되려면 원전을 접하고 이해하며 나의 생각을 발전시켜 나가야 한다.

오십 전후로
명장이 되어야 하는 이유

❀ ❀ ❀

세상 모든 일에는 흐름이 있다. 춤을 출 때도 노래를 부를 때도 저마다의 흐름이 있으며, 눈에 보이는 건 물론이고 보이지 않는 것에도 흐름이 있다. 무사가 크게 출세해 명성을 떨치는가 하면 한순간 몰락하기도 하고, 장사꾼이 크게 이익을 얻는가 하면 파산해 하루아침에 길바닥에 내몰리기도 한다. 싸움을 할 때는 상대방의 흐름을 정확하게 파악하고 상대방이 미처 생각하지 못한 순간을 공략해 상대방을 제압해야 한다. 병법을 제대로 구사하려면 동작을 하기에 앞서 흐름을 정확히 파악할 수 있어야 한다.

−『오륜서』 '땅의 장'

순조로운 흐름과 그렇지 못한 흐름을 분별하고, 흐름의 속도와 크기를 분별해 공격하는 흐름과 방어하는 흐름 등 저마다의 흐름을 분별하는 게 중요하다. 만일 무사가 공격할 흐름을 알지 못하면 병법의 흐름을 터득했다고 말하기 어렵다.
　　　　　　　　　　　　　　　　　　　　　　　　　－『오륜서』 '땅의 장'

무사시의 통찰대로 세상 모든 일에는 흐름이 있다. 눈에 보이는 움직임은 물론 눈에 보이지 않는 분위기도 마찬가지다. 무사시가 강조한 흐름은 두 가지 차원이다.

　미시적으로는 일대일의 결투장에서 상대방의 동작과 리듬을 파악하는 개인적 차원이다. 상대방이 자세를 취하고 칼을 휘두르기까지 동작의 흐름과 리듬을 파악하고 공격의 결정적 순간을 포착해 승리하는 부분이다.

　거시적으로는 지휘관의 입장에서 적군의 작전, 무기, 보급, 전투의 전체적 흐름을 파악해야 결정적인 승기를 잡는다는 의미다.

　무사시는 자신의 리듬을 유지하며 상대방의 리듬을 파악해 승기를 잡으라고 가르친다. 칼싸움 같은 극단적 상황이 아닌 평범한 일상생활에서도 흐름과 리듬의 중요성을 체감하는 경우가 많다.

　골프가 대표적이다. 입문하고 초보로 연습하는 단계에서 코치로부터 가장 많이 듣는 말이 '힘을 빼라'다. 힘을 빼고 정확한 궤도로 휘두르기만 하면 공이 제대로 맞아 정확하게 멀리 나간다. 하지만 실제로는 의욕이 앞서서 힘이 들어가고 몸이 경직되어 공은 더

　　　　　　　　　　　　　　　　　　　　오십에 읽는 오륜서

안 맞는다.

머리로는 힘을 빼야 한다고 생각하면서 오히려 몸에 힘이 더 들어가는 동작은 고치기 어렵다. 일단 일정한 연습 기간과 연습량이 소화되고 스윙과 타격의 감각과 리듬을 느끼고 익히면서 힘을 빼는 단계가 필요하다. 골프 실력이 일정 수준에 도달해도 힘 빼기는 쉽지 않다. 골프에서 힘이 들어가면 무조건 무너진다.

격투기에서도 마찬가지다. 권투, 유도, 씨름 등에서도 힘만으로는 한계가 있다. 경기 흐름을 이해하고 리듬을 타는 동작으로 완급을 조절하면서 상대방의 힘을 역이용하고 빈틈을 파고들어 승부를 결정지어야 한다.

권투 선수의 펀치는 댄서의 율동 이상으로 리듬감이 넘친다. 유도와 씨름에서도 작은 선수가 큰 선수를 뒤집어 이기는 경우도 비일비재하다. 흐름을 타 상대의 리듬을 빼앗고 나의 리듬으로 주도하기 때문이다.

달리기, 수영 등에도 각자 특유의 호흡과 리듬이 존재해 동작에서 리듬감을 잃으면 몸이 굳어지고 파워가 나오지 않는다. 춤과 노래 등 예술에도 나름대로의 리듬이 있고 난 후 감성이 실린다.

‖ 흐름을 파악하고 리듬을 느껴라 ‖

무사 개인이 아닌 무사들을 지휘하는 지도자의 입장이 되면 흐름의 중요성은 더욱 커진다. 지휘관은 개인이 상대방의 실력, 동작, 리듬을 이해하는 차원을 넘어 상대 진영의 숫자, 무장, 보급 등의 하드웨어적 요소와 사기, 군기, 작전 등 소프트웨어적 요소를 전체적으로 파악해야 한다. 실전이 벌어지면 부대 단위가 다양한 무기로 다양한 작전을 구사하며 벌어지는 변화와 흐름이 엉겨 승부가 가려진다.

유능한 지휘관은 전투를 시작하기 전 철저한 준비와 전투 시작 후 변화하는 전장 상황의 흐름을 주도해 승리를 이끌어 낸다. 규모가 큰 전투일수록 변화가 많고 기회를 포착하기 어렵다. 객관적 전력 차이를 극복하고 실전의 흐름을 장악해 승리를 이끌어 낸다는 점에서 명장과 공통점이 있다.

현 시대에도 40세에서 50세 정도의 연배면 세상사에 일정한 흐름과 리듬이 있다는 걸 체감했을 것이다. 개인적 삶에도 세상의 변화와 선택에 따라 등락과 부침이 있게 마련이다. 순조로운 흐름과 그렇지 않은 기간이 교차하게 마련이다. 바다의 조류처럼 흐름을 타기도 하고 때로는 거스르며 삶의 공간을 채워 나간다.

이에 동양철학자 조용헌은 "인생을 살면서 운이 좋을 때도 있지만 나쁠 때도 있다. 좋을 때는 밖에 나가서 나에게 도움이 되는 사람과 인연을 맺고, 나쁠 때는 피해를 주는 사람을 만나게 된다. 그러니 운이 나쁠 때는 책을 읽고 공부하면서 수양하라."라고 조언한다.

　사회적 역할에선 크든 작든 50세 전후에는 조직을 이끄는 입장에 선다. 개인 차원의 열정과 성실을 넘어선 리더십 차원의 안목과 시야가 필요하다. 조직 차원의 유형적 자원과 무형적 역량이 결집되는 힘을 바탕으로 리더가 실제 상황에서 가시적 성과로 연결한다. 구성원 간의 상호 관계와 심리 상태를 관리하는 내부적 흐름과 시장 상황과 경쟁자의 변화를 포착하는 외부적 흐름의 접점을 판단하고 에너지를 분출시켜 목적을 달성한다.

할 수 있는 것과
하고 싶은 것의 구분

⊗⊗⊗

한 손으로도 장검을 능숙하게 휘두를 수 있는 경지에 도달하면 말을 달리거
나 늪, 진흙 구덩이, 자갈길은 물론이고 사람이 많은 곳이나 다른 손에 무기를
들고 있을 때도 매우 유리하다. 처음에는 크기와 무게 때문에 들기조차 힘들
지만 꾸준히 연습하다 보면 한 손으로도 자유자재로 휘두를 수 있다.

–『오륜서』 '땅의 장'

활쏘기·말타기·노젓기 등 어떤 기예든 부지런히 연습하면 못할 게 없다. 검
을 휘두르는 것도 마찬가지다. 부지런히 연습하다 보면 반드시 검을 마음대
로 휘두를 수 있는 경지에 도달한다. 다만 저마다 타고난 힘과 재량이 다르므

로 자신에게 맞는 검을 선택하는 게 좋다. ―『병법 35개조』'1조'

무사시가 주창한 니텐이치류는 장검과 단검 두 자루를 양손에 들고 싸우는 걸 기본으로 한다. 당시 대부분의 유파는 두 손으로 기본 무기인 장검 한 자루를 사용하는 자세를 기본으로 했지만, 무사시는 실전 경험에 기반해 자신만의 검법을 정립했다.

다만 양손으로 칼을 각각 하나씩 잡으면 각기 다른 크기와 무게 때문에 동작이 느려진다. 또한 양손으로 두 자루의 칼을 휘두르는 동작 자체가 복잡해 숙달되지 않으면 오히려 불리하다. 무사시의 양손 검법은 무기가 두 가지라는 장점과 함께 단점도 컸기에 소수파로 분류되었다.

무거운 칼을 양손에 들면 동작이 둔해지고 허점이 많이 생겨난다. 무엇보다 칼을 양손에 들면 강인한 체력이 필요한 데다 숙달하기가 어렵고 시간도 많이 필요했다. 체력과 기술이 일정 수준을 넘어서야 양손에 검을 드는 무사시의 검법을 적용할 수 있었다.

따라서 무사시는 일차적으로 주무기인 장검을 한 손으로 능숙하게 휘두르는 능력을 일급 무사의 기본 조건으로 간주했고 다른 손으로는 보조무기인 단검을 사용해 전체 전투력을 높이는 방식을 취했다.

무사시의 검법에선 주무기인 장검을 한 손에 들고 능숙하게 싸우지 못하면 보조무기인 단검도 의미를 잃는다. 최소한 주무기가 대등해야 보조무기로 우위를 점할 수 있는데, 주무기에서 실력이 뒤떨어지면 보조무기도 활용하기 어렵기 때문이다.

그래서 무사시는 주무기인 장검을 한 손으로 능숙하게 다루는 기본 능력을 배양하기 위한 꾸준한 연습을 강조한다. 장검을 제대로 휘두를 체력과 기술이 부족하면 무사시의 검법은 무력해진다.

이런 배경에서 무사시는 한 손으로 장검을 휘두를 수 있도록 연습으로 기량을 높여야 한다고 가르친다. 한 손으로 장검을 능숙하게 사용하는 수준은 누구나 도달하기 힘들다. 기본 체력을 갖추고도 꾸준하게 연습해야 한다.

하지만 이 수준에 이르지 못하면 두 자루 칼을 사용하는 니텐이치류는 오히려 약점이 되어 승리의 요인이 아니라 패배의 원인이 된다. 니텐이치류에 입문한 무사라면 어렵지만 필히 도달해야 하는 기초 조건이 한 손으로 장검을 휘두르는 체력과 기술이다.

다만 무사시는 개인마다 타고난 힘과 자질이 다르기에 자신에게 맞는 검을 선택하도록 조언한다. 두 자루 칼을 사용하는 니텐이치류 검법의 원칙을 지키면서도 개인별로 키, 팔 길이, 체력 등 신체 조건에 맞는 무게와 길이의 칼을 선택해야 한다. 원칙을 지키면서도 세부 사항에 있어선 응용의 여지를 두고 있다.

개인별 여건에 맞는 도구를 선택해 꾸준히 수련하면 일정한 경지에 이른다고 무사시는 가르친다. 하지만 수련생이 무사로서의 기본적인 신체적 조건과 자질을 갖춰야 한다는 전제가 있다. 신체

오십에 읽는 오륜서

적·체력적 조건이 미흡한 상태에선 아무리 열심히 노력해도 실전에서 승리하는 능력을 갖추기 어렵다. 기본 조건이 확보된 뒤에 노력해야 성과가 있다.

‖ 타고난 재량에 맞는 분야를 선택하라 ‖

오늘날 일반인의 삶에서 가장 중요한 부분은 자신에게 맞는 분야를 찾아 꾸준히 노력하는 것이다. 적성에 맞지 않는 분야에서 열심히 노력해도 한계가 있다. 비유적으로 표현해 물고기가 땅에서 아무리 열심히 달리기를 연습해도 한계가 있고, 들짐승이 물에서 아무리 열심히 수영해도 물고기를 따라가지 못한다.

20~30대의 젊은 세대에게 인생의 방향을 모색하면서 'Can, 할 수 있는 것'과 'Want, 하고 싶은 것'을 잘 구분해야 한다는 말을 자주 한다.

'Can' & 'Want'는 잘하면서 원하는 분야다. 직업으로 삼으면 잘하면서 인정받을 수 있다. 'Can not' & 'No Want'는 잘 못하면서 원하지도 않는 분야이니 생각할 필요가 없다.

혼란은 'Can not' & 'Want' 그리고 'Can' & 'No Want'에서 생겨난다. 잘하지 못하지만 원하는 분야 그리고 잘하지만 원하지 않는 분야다. 무엇을 선택할지는 물론 개인의 자유지만, 의미는 분명히 해둘 필요가 있다.

'Can not' & 'Want', 잘하지 못하지만 원하는 분야에선 개인적 즐거움은 있을지언정 인정받긴 어렵다. 예를 들어 요리를 좋아하지만 음식이 맛이 없으면 셰프로 성공하기 어렵고 레스토랑을 열어도 한산하다. 'Can' & 'No Want', 잘하지만 원하지 않는 분야에선 인정받아도 개인적 즐거움은 제한된다.

둘 중 하나를 선택해야 한다면 'Can' & 'No Want'다. 일단 성취하고 인정받으면 좋아질 가능성도 생겨난다. 반면 'Can not' & 'Want'는 성공하기 어렵기에 그야말로 정신승리하면서 살아야 한다.

일본 교세라 창업자로서 경영의 신(神)으로 일컬어졌던 이나모리 가즈오는 젊은 세대들에게 말했다. "네가 할 일을 좋아하라, 그러면 성공한다. 네가 좋아하는 것만 해서 성공하는 사람은 1천 명에 한 명도 안 된다."

중년에 다다른 연배에게 재능과 적성에 맞는 분야를 찾아 직업으로 삼으라는 이야기가 아니다. 자녀 세대가 10대, 20대로 접어드는 시점에서 조언자로서 할 수 있는 중요한 메시지다. 젊은 세대일수록 자신의 재능에 맞는 분야를 찾아 방향을 잡는 게 성취의 출발점이다.

2부

유연하게 응용하는 지혜

물水의장

물은 유연성이다

기초는 닦았는데 유연성이 없으면 정체되고 응용하기 어렵다. 수련으로 땅과 같이 튼튼한 기초를 확립하면 다음 단계로 변하는 환경에 따라 적절하게 응용하는 물의 유연함과 겸손함, 인내심을 습득해야 한다.

물은 담기는 그릇에 따라 형태가 변하고, 상황에 따라 모이고 흩어지는 유연함을 지녔다. 때로는 네모가 되었다가 동그라미로 변하고, 때로는 작은 물방울이 되었다가 모여선 광활한 바다가 되는 것처럼 검객의 마음과 태도는 물처럼 유연해야 한다.

물은 항상 아래로 흐르는 겸손함이 있으며, 물길이 막히면 기다렸다가 넘어가는 인내심이 있다. 땅의 기초를 바탕으로 물의 유연성을 터득해 응용과 발전의 단계로 나아가야 한다.

병법의 기본을 터득해 땅의 기초를 다지고 물처럼 유연한 응용력을 가지려면 매일 공부하고 수련하며 실전 경험을 쌓아가야 한다. 책만 보고 연습만 해선 실감할 수 없다.

　따라서 현실에서 승리하기 위한 병법의 도를 배우려는 사람은 '일신 우일신(日新又日新)'하는 자세로 꾸준히 연마하고 터득해야 한다. 병법은 추상적 공리공론이 아닌 현실의 실천학이기 때문이다.

　분야를 막론하고 기초가 부실하면 응용력이 없어 편법에 의존한다. 또한 수련으로 기초를 다져도 실제 경험이 없으면 교과서 주위만 맴도는 책상물림 백면서생이 된다.

　시대를 앞서가는 탁월한 이론도 유연함이 부족하면 세상의 변화를 반영하지 못한다. 그렇게 시간이 흐르면 현실 적응력이 떨어져 결국 생명력을 상실하고 화석이 되고 만다.

지식과 현장 경험의
스트리트 스마트

❀❀❀

물처럼 유연한 마음을 기본으로 한다. 진정으로 병법의 도를 터득해 자신의 것으로 만들고 싶다면 먼저 이론을 완벽하게 숙지해야 한다. 그다음 아침저녁으로 끊임없이 수련해 기술을 익히고 연마하면 틀림없이 병법의 도를 터득할 수 있을 것이다.

−『오륜서』 '물의 장'

검을 휘두를 때는 되도록 마음을 크고 넓게 가지고 집착을 버려야 한다. 다만 상대방을 확실히 쓰러뜨리고자 할 때는 오로지 상대방을 쓰러뜨리겠다는 하나의 목표에 집중해야 한다. 이렇듯 싸움을 할 때는 상황에 따라 마음을 유연하게 움직여야 한다.

−『병법 35개조』 '26조'

오십에 읽는 오륜서

세상의 기초인 땅의 장으로 시작해 유연한 응용인 물의 장으로 이어진다. 수련으로 땅처럼 튼튼한 기초를 확립하면 다음 단계로 변하는 환경에 따라 적절하게 응용하는 물의 유연함이 필요하다.

물은 담기는 용기(容器)에 따라 모양을 달리하는 유연성이 있고, 항상 아래로 흐르는 겸손함이 있으며, 둑 등 장애물이 나타나 앞이 막히면 기다려 넘어가는 인내심이 있다.

중국 춘추시대의 사상가 노자는 "최고의 선은 물과 같다(上善若水)."라고 비유했다. 만물을 이롭게 하면서 남과 다투지 않고 제 스스로 낮은 자리를 찾아가기 때문이다.

땅의 기초를 만들었는데 물의 유연성을 터득하지 못하면 한계에 부딪힌다. 탁월한 이론도 유연함이 부족하면 세상 변화를 반영하지 못해 시간이 흘러 현실 적응력이 떨어지고, 결국 도그마(dogma, 독단적인 신념이나 학설)에 빠져 생명력을 상실하고 화석이 된다. 특정 시기의 패러다임이었던 시대정신이 다음 시대에선 구시대의 유물이 되는 경우는 비일비재하다.

지식의 습득과 의미의 깨달음은 비슷하나 다르다. 배울 학(學)은 학생이 스승 앞에서 책을 들고 있는 모습의 형상으로 지식의 전달을 의미한다. 깨달을 각(覺)은 스승의 가르침을 습득한 연후에 자신의 눈으로 보는 것을 나타낸다. 즉 배우는 학(學)에서 출발해 깨닫는 각(覺)까지 이르러야 비로소 자신의 것이 된다.

병법도 책과 스승으로 습득한 지식이 실전 경험의 필터를 거치면서 갈무리되어야 비로소 사물의 본질을 이해하고 나아가 유연하게 응용할 수 있는 역량을 갖춘다.

1960년대 일본 바둑계의 타이틀 일곱 개를 석권하며 전성기를 누리면서 '면도날'이라는 별명으로 불린 사카타 에이오는 형식과 실전, 학습과 경험의 관계에 관해 다음과 같은 말을 남겼다.

> "바둑의 의의를 이해하지 못한 채 형식만 외워 바둑을 두면 두지 않는 것만 못하다. 상대가 오른쪽을 공략하는지 왼쪽을 공략하는지 또는 배후에 바둑알을 배치하는지 등 매우 유동적이다. 때문에 상대방과 나의 실력 차이가 없다 해도 실제 경기에선 얼마든지 예상치 못한 상황이 발생할 수 있다. 어떤 전술로 바둑을 둬야 하는지 이해하지도 못하면서 순서만 기억하는 것보다는 스스로 머리를 쓰고 자신이 생각한 내용대로 밀고 나가는 게 훨씬 낫다."

병법의 기본을 터득하고 유연한 응용력을 가지려면 매일 공부하고 수련하면서 실제 경험을 쌓아가야 한다. 책만 보고 연습만 해선 실감하기 어렵다. 따라서 현실에서 승리하기 위한 병법의 도를 배우려는 사람은 일신우일신하는 자세로 꾸준히 연마하고 터득해야 한다. 병법은 공리공론이 아니라 실천학이다.

분야를 막론하고 기초가 부실하면 응용 능력이 없어 편법에 의존한다. 또한 수련으로 기초를 다져도 실제 경험이 부족하면 교과서 주위만 맴도는 백면서생이 되기 십상이다.

비단 병법에 국한되지 않는다. 학문, 예술, 스포츠 등 모든 분야에서 기초를 익히고 실전으로 경험을 축적해 역량을 키우는 경로는 보편적이다. 시작 단계에서 기초를 다지지 않고 속성으로 대충배운 후 실전에 나서면 편법과 임기응변으로 대처하기 쉽다. 다양한 응용은 단단한 기초에서 출발한다.

이런 관점에서 현대인의 삶도 매일매일 생겨나는 다양한 문제를 해결하며 경험을 쌓고 역량을 키우고 내면을 강화하는 과정이다. 병법처럼 현실의 삶도 추상적 이론과 현실적 경험이 접목되어야 배양된다. 기본 없이는 풍부한 지식, 화려한 학벌도 겉치레에 불과하다.

‖ 유연한 마음으로 응용력을 길러라 ‖

총명하고 영리하다는 의미의 스마트는 책을 많이 읽고 지식이 풍부한 '북 스마트(Book smart)'와 풍부한 현장 경험과 정확한 판단능력을 갖춘 '스트리트 스마트(Street smart)'로 구분된다.

사회생활을 통해 얻은 경험과 지식이 풍부한 현장 직업인의 스트리트 스마트가 학식 있는 학자나 전문가의 북 스마트보다 세상과 인간을 훨씬 깊이 있고 정확하게 이해하는 경우를 흔히 본다.

이를테면 우리나라 산업화 초창기를 이끈 1세대 창업주들은 대부분 '가방끈'은 짧았지만 스트리트 스마트의 통찰력으로 커다란 성취를 이뤘다.

현대그룹 창업주인 정주영 회장은 스트리트 스마트의 전형으로 수많은 일화를 남겼다. 강원도 통천의 가난한 농가에서 태어나 소학교를 마치고 서울로 상경해 젊은 시절에 사업을 시작했다.

1965년 국내 건설업 최초의 해외공사인 태국 나라티왓 고속도로 공사를 수주한 경험을 바탕으로, 1970년대 중동 건설시장 진출을 주도했다.

1973년 제1차 석유파동으로 세계 경기는 침체되었지만 중동은 막대한 오일 달러를 벌어들이면서 사회인프라 구축에 나서 거대한 건설 수요가 발생했다.

1975년 당시 박정희 대통령은 중동 시장 현지조사단을 보냈는데 귀국 후 부정적 의견을 보고했다. 요지는 "비가 내리지 않고 뜨거운 날씨가 계속되어 일하기 힘들다. 모래사막이라 물을 구하기 어려워 공사가 불가능하다."였다.

박정희가 정주영에게 다시 한번 현지 조사를 시켰더니 정반대의 의견을 내놓았다. "비가 내리지 않으니 1년 내내 일할 수 있다. 더운 낮에 자고 시원한 밤에 일하면 된다. 사방천지가 모래, 자갈이라서 자재조달이 쉽다. 물은 다른 곳에서 실어오면 된다."

이후 시작된 중동 건설은 대한민국 경제의 활로를 열었다. 현

오십에 읽는 오륜서

장 공사 경험에 기반한 스트리트 스마트이기에 가능한 역발상이었다. 책과 자료로 습득한 북 스마트, 소위 학자들은 도저히 넘볼 수 없는 경지다.

책만 많이 읽고 경험이 뒷받침되지 않으면 허황된 경우가 많고 남이 한 이야기를 변주해 자신의 생각인 양 말한다. 반면 경험만 있고 책으로 얻은 지식이 없으면 협소한 생각에 갇혀 아집에 빠지기 쉽다. 그래서 책으로 얻은 지식과 현장 경험을 접목해야 스트리트 스마트의 역량이 갖춰진다.

평정심을 유지하면
살길이 보인다

❈ ❈ ❈

무사는 목숨이 일각에 달려 있는 긴박한 전쟁터에서도 평정심을 유지해야 한다. 지나치게 긴장해서도 안 되고 긴장을 늦춰서도 안 되며, 마음이 한쪽으로 치우치지 않도록 중심을 바로 잡으면서도 마음을 유연하게 움직일 수 있어야 한다. 몸이 움직이지 않을 때도 마음은 끊임없이 움직여야 하며, 몸이 빠르게 움직일 때도 마음은 평소처럼 평온하게 움직여야 한다.　　-『오륜서』 '물의 장'

무사가 죽고 사는 건 검과 손에 달려 있다. 치고 들어오는 공격을 막는 데 급급해 상대방을 쓰러뜨리려는 마음이 깃들지 않는 검에는 죽음이 기다리고 있을 뿐이다.　　-『병법 35개조』 '3조'

편안하되 안일하지 않고 긴장하되 경직되지 않는 중용의 마음가짐을 유지해야 한다. 싸움의 중심은 몸이 아니라 마음이다. 마음이 본질이고 몸은 현상이다. 몸은 빠르게 움직이지만 마음은 평온하고 몸은 멈춰 있어도 마음은 긴장해 주위를 살펴 적을 봐야 한다.

무사의 평정심은 종교의 수도자가 추구하는 마음의 평화와는 성격이 다르다. 수도자의 참선이 자기 내면과의 대화라면, 무사의 평정심은 적수와 겨뤄 삶과 죽음이 판가름 나는 치열한 승부의 현장에서 발휘되는 전투력의 차원이다.

수도자가 참선하다가 마음이 흐트러졌을 땐 다시 추스르면 그만이지만, 결전장의 무사가 결정적 순간에 마음이 흐트러지면 적의 칼에 맞고 목숨을 잃는다. 상대방에 대한 공포·분노와 같은 감정에 휩싸여 마음이 흔들리는 순간 판단력이 흐려지고 허점이 생겨나기 때문이다.

상대방을 완전히 제압하기 전까지 긴장을 늦추지 말되 항상 평정심을 유지하며 목표에 집중해야 한다. 이런 경지에 이르려면 꾸준한 수련으로 실력을 배양하고 부담감을 견디는 강인한 체력을 키워야 한다.

무사시는 적과 대결하는 승부사라면 자신의 마음을 지키며 상대방의 심리도 파악해야 하고, 상대방의 특성에 따라 당황하거나 교만하지 않고 평상심을 유지해야 한다고 강조한다.

"상대방의 검이 자신의 목을 겨누는 절체절명의 순간에도 평소처럼 마음을 넓고 올곧게 유지해야 진정한 무사라고 할 수 있다."

"마음이 넘치거나 부족하지 않도록 유지하고, 겉으로는 약해 보이더라도 속마음은 강하게 해 상대방에게 자신의 마음을 간파당하지 않도록 한다. 체격이 작은 사람은 큰 사람의 마음을 헤아려 체격이 크든 작든 마음을 바르게 갖고, 자신의 신체 조건 때문에 마음이 흔들리지 않게 평정심을 유지해야 한다."

중국의 고전 『장자(莊子)』에 나오는 유명한 나무 새(木鳥)의 일화는 싸움닭조차 평정심을 길러야 고수가 된다는 내용이다.

싸움닭을 전문적으로 키우는 장인이 왕의 싸움닭을 훈련시키는 임무를 맡았다. 열흘이 지나 왕이 다른 닭과 겨룰 만큼 실력이 늘었냐고 물었다. 장인은 대답했다. "아직 부족합니다. 이 녀석은 겉으로 드러나는 기세만 대단합니다." 다시 열흘이 지나 왕이 묻자 장인은 "아직 더 기다려야 합니다. 다른 닭을 보기만 해도 기세가 등등해 힘만 앞섭니다." 다시 열흘이 지나 같은 질문을 했지만 대답은 실망스러웠다. "아직 더 기다려야 합니다. 아직 경솔하고 기세부터 앞섭니다." 다시 열흘이 지나 왕이 묻자 이윽고 장인이 대답했다. "이제는 한 번 해볼 수 있습니다. 싸움장에서 상대 닭이 날개를 퍼덕이며 기세를 부려도 이 녀석은 일체의 움직임 없이 멀리

서 쳐다보는 모습이 마치 나무로 만든 새와 같습니다. 이것이 바로 녀석의 내면 실력이 갖춰졌다는 의미입니다. 이제는 어떤 닭과 만나도 이길 수 있습니다."

‖ 몸이 아니라 마음이 중심이다 ‖

현대 검도장에는 칼이 바르고 검도를 품위 있게 하는 사람은 인격도 잘 갖춰진 사람이라는 의미에서 '마음이 비뚤어지면 칼도 비뚤어진다.'라는 금언(金言)이 있다. 근대 스포츠로 발전한 검도의 수련 목표가 '극기복례(克己復禮)·인간완성(人間完成)'이듯 마음을 닦아 평정심에 이르는 자세는 지금도 기본이다.

"병법의 지혜가 다른 분야의 지혜들과 뚜렷이 구분되는 건 어떤 상황에서도, 설령 목숨이 일각에 달려 있는 긴박한 전쟁터일지라도 마음의 동요 없이 싸움을 승리로 이끌 수 있기 때문이다."라는 구절은 파나소닉의 창업자인 마쓰시타 고노스케가 특히 공감했다. 그는 평생 『오륜서』를 가까이하면서 자서전에 "무슨 일이 일어나더라도 솔직한 마음으로 평정심을 잃지 말고 담대하게 대해야 한다."라는 회고를 남겼다.

그는 초등학교 중퇴의 학력으로 맨땅에 헤딩하듯 창업해 당대에 글로벌 일류 기업을 일궈낸 백전노장으로 일본에서 '경영의 신'

으로 추앙받는다. 호황과 불황이 교차하고 승전과 패전이 엇갈리는 격변의 상황을 헤쳐 나오면서 번뇌와 고민이 많았기에 '평정심'에 더욱 공감했다고 본다.

'호랑이한테 물려가도 정신만 차리면 산다.'라는 우리 속담은 절체절명의 위기에서도 평정심을 유지하면 살길이 보인다는 의미다. 어려운 상황을 맞이해도 심리적으로 무너지지 않으면 극복하는 경우가 있지만 심리적으로 무너지면 끝이다.

찰나의 순간에 생사가 결정나는 무사의 대결장에서 평정심이 가장 중요하다는 체험적 교훈은 변화와 부침이 극심해지는 오늘날에 더욱 울림을 준다.

오십에 읽는 오륜서

보이지 않는 본질을
응시하는 법

⊗ ⊗ ⊗

싸움을 할 때는 시야를 넓고 크게 둬야 한다. 사물을 보는 눈에는 마음의 눈으로 상대방의 생각을 꿰뚫는 '관(觀)의 눈'과 육체의 눈으로 상대의 움직임을 파악하는 '견(見)의 눈'이 있다. 싸움을 할 때는 '관의 눈'을 강하게 해 상대방의 의중을 정확히 파악하고, '견의 눈'을 약하게 해 상대방의 움직임을 대국적으로 볼 수 있어야 한다.

-『오륜서』'물의 장'

마음을 한곳에 집중하면 눈빛으로 드러날 수 있으므로 항상 마음을 크고 넓게 가져 상대방에게 간파당하지 않도록 주의한다. -『병법 35개조』'6조'

눈에는 육체의 눈과 마음의 눈이 있다. 육체의 눈으로 사물의 외양을 보고, 마음의 눈으로 사물의 본질을 통찰한다. 무사는 '견(見)·육체'의 눈으로 상대의 움직임을 보고 '관(觀)·마음'의 눈으로 상대방의 의도를 읽는다. 무사의 결투에서 먼저 마음이 움직이고 다음으로 몸이 따라간다. 따라서 무사는 상대방의 육체적 동작에 현혹되지 않고 마음을 먼저 읽어야 제압할 수 있다.

검도 수련에서 강조하는 '몸으로 닦고 마음으로 벤다.'라는 경구는 몸은 도구이고 본질은 마음이라는 뜻이다. 그래서 실력이 쌓이고 연륜이 깊어지며 고단자가 될수록 마음에서 승부가 갈린다.

검도장에선 "젊어선 검도를 발로 하고, 나이 들수록 손으로 하고, 그다음에는 마음으로 한다."라는 격언이 있다. 검도 수련생에게 강조하는 기산심해(氣山心海), 즉 '기세는 산과 같이 하고 마음가짐은 바다와 같이 하라.'도 같은 맥락이다.

무사시는 개별 무사만이 아니라 전장의 지휘관들에게도 육체적 감각을 넘어선 마음의 경지를 강조한다.

"싸움을 할 때는 상대방의 검을 보지 않고도 상대방의 움직임을 정확하게 꿰뚫어볼 수 있어야 한다. 다시 말해 시선을 움직이지 않고도 상대방의 미세한 변화를 감지할 수 있어야 한다. 다수의 군사가 움직이는 대규모 전투에서도 마찬가지다. 다만 이런 기술은 하루아침에 익힐 수 있는 간단한 기술이 아니므로 평소에 부지런히 연습해야 한다."

수원대학교 경상대학 교수로 국내 최고단자 중 한 명인 이종원 검도 8단의 말을 음미해보자.

"젊을 때는 체력이 좋으므로 많이 움직이면서 좋은 기회를 포착하려 한다. 경험이 쌓여 검도가 몸에 붙으면 정확한 손동작을 익히고 손과 발의 조화를 이루려 한다. 다음 단계에선 상대의 마음을 읽고 압박하면서 움직여 상대의 동작을 미리 알고 선의 선(先의 先) 공격을 할 수 있다."

무사시는 활동 초기에 검도 명문가 출신 요시오카 형제와의 결투에서 승리하며 일약 전국적으로 명성을 얻는다. 1604년 21세의 무사시는 출신지인 궁벽한 지방에서 벗어나 중심부인 교토로 진출해 요시오카 세이쥬로에게 도전한다. 요시오카 가문은 240년간 지속된 무로마치 막부에서 대대로 검술사범을 이어 내려온 명망 있는 가문이었다.

무사시는 자존감 넘치고 인내심 부족한 상대방의 성격을 이용하고자 공개 도전장을 던졌고 결투장에 일부러 늦게 나타났다. 조급해져 집중력이 분산된 세이쥬로는 패배했고, 뒤이어 친동생 덴시치로까지 나섰지만 무릎을 꿇었다.

천하제일을 자부하던 요시오카 가문의 대표들이 촌뜨기 무사시에게 연속으로 패하는 굴욕적 상황에서 세이쥬로의 아들 마다시치로가 복수의 일념으로 도전했다.

약속된 이른 새벽의 야산에 모여든 요시오카 가문 수십 명 무사는 무사시가 종전대로 늦게 나타날 것으로 예상해 경계하고 있었다. 이와 달리 무사시는 전날 밤 약속 장소에 미리 도착해 결투장 옆 대나무 숲에서 매복하고 있다가 결정적 순간을 포착해 상대방에게 일격을 가해 승리했다.

‖ 몸으로 닦고 마음으로 벤다 ‖

세상만사가 겉으로 나타나는 현상이 있고 속으로 깔려 있는 본질이 있다. 어떤 분야에서든 본질을 이해해야 경지에 이를 수 있는 법이다.

결투에서 중요한 건 상대의 마음을 읽고 의도를 파악해 허를 찌르는 것이다. 행동은 표면이고 마음이 본질이기 때문에, 피상적 행동에 현혹되어 기만당하고 본질을 놓치면 판단을 그르치고 패배에 이른다.

눈에 보이는 표면이 아니라 기저에 깔려 있는 본질을 파악해야 한다는 '마음의 눈으로 상대방의 움직임을 대국적으로 보라.'는 취지는 검도 등 격투기와 병법이 아닌 상대방이 있는 모든 사안으로 확장 가능하다.

인간관계는 물론 상거래에서도 눈에 보이는 부분에 제한되어 보이지 않는 실제 상황을 모르면 변죽만 울린다. 거래 조건을 두고 협상하는 과정에서 '상대방의 요구(Position, Need)가 아닌 욕구(Interest, Desire)'를 이해해야 성사율이 높아진다고 한다.

"명시적으로 제안하는 요구와 암묵적이지만 실제로 원하는 욕구는 다른 경우가 많으며, 상대방의 요구 이면에 있는 욕구를 이해하고 접근해야 한다."라는 협상 전문가들의 경험담이다.

예를 들어 높은 가격의 요구를 수용해도 다시 더 높은 가격을 제시하는 경우 상대방이 가격 인상 요구(Need)가 아닌 다른 욕구(Desire)를 원하는 경우가 일반적이다. 실제 욕구는 개인적 커미션, 매각 이후 일정 기간 직위 유지, 세무적 문제 해소 등 다양하다. 욕구를 파악하고 충족시켜야 거래가 성사된다.

어린 시절에는 눈으로 보지만 나이가 들면 마음으로 본다. 눈에 보이는 표면이 아니라 내재된 이면을 꿰뚫는 통찰력이 중요해진다. 살아온 시간과 축적된 경험으로 숙성된 50이라는 연배는 삶, 인간, 세상을 마음의 눈으로 보는 나이다. 겉으로 드러나지 않지만 조용히 본질을 응시하며 차분하게 대처하는 태도로 성취도를 높이고 역할 모델로서의 가치를 키운다.

기본을 익히고
기본을 버려야 하는 이유

❀❀❀

검을 휘두르는 자세에 정해진 틀은 존재하지 않는다. 자세가 있으면서 자세가 없다는 뜻에서 '유구무구'라고 한다. 어떤 자세를 취할지는 상대와의 관계에 따라, 상황에 따라 조금이라도 더 상대를 베기에 유리한 쪽으로 선택해야한다. 전투를 할 때도 마찬가지다. 군사를 배치하는 방법에는 여러 가지가 있는데, 상황에 따라 시기적절하게 구사할 수 있어야 한다.   —『오륜서』 '물의 장'

유구무구, 검을 취할 때 정해진 자세가 있지 않다. 장소와 상황에 따라 구애받지 말고 어떻게든 상대방을 쓰러뜨리면 된다.   —『병법 35개조』 '33조'

오십에 읽는 오륜서

검도를 수련하며 배우는 기본 자세가 있다. 실전에선 기본 자세가 다양하게 변형되고 응용된다. 기본을 익혀야 응용과 변형이 가능하고 실전의 변화무쌍한 상황에 유연하고 효과적으로 대처할 수 있다.

기본을 익히지 않고 응용에 나서는 건 교만이고, 기본을 익히고도 기본을 벗어나지 못하는 건 협량(狹量)이다. 형식을 익혀 본질을 이해하고 본질을 이해해야 형식을 자유롭게 재구성하는 응용과 변형이 가능하다는 의미다.

유구무구, 자세가 있으면서도 없고 없으면서도 있다는 대목은 『반야심경(般若心經)』의 '색즉시공(色卽是空) 공즉시색(空卽是色)'과 같은 맥락으로 독실한 불교 신자였던 무사시의 관점이 나타난다.

나무에 비유하면 기본은 뿌리고 응용은 가지다. 뿌리가 튼튼해야 가지도 튼튼하다. 부실한 뿌리에서 자라는 가지는 튼튼해 보여도 겉모양에 불과하고 오래가지 못한다.

기본과 응용의 문제는 비단 검도뿐만 아니라 스포츠, 예술, 학문 등 모든 형태의 학습과 수련에 공통적이다. 골프, 테니스, 수영 등을 배우는 초급 단계에서 먼저 기본 자세와 동작을 습득한다. 동일한 동작을 반복하며 기본을 익히는 지루한 과정을 지나 중급 이상이 되어야 응용하고 변형하는 단계로 접어든다.

최고수인 선수급들도 기본 자세를 꾸준히 연습해야 실력이 유지된다. 슬럼프에 빠져도 항상 '기본으로 돌아가서(Back to Basic)'

부지불식간에 형성된 잘못된 자세와 습관을 교정하고 실력을 회복한다.

매사 기본이 중요하지만 기본에 매몰되어선 한계가 있다. 기본을 익히면 역설적으로 기본을 버려야 발전이 있다. 기본을 바탕으로 응용하고 변형하는 시도를 통해 새로운 경지로 나아가기 때문이다.

만약 기본을 익히고도 기본에만 머무르면 기본에 매몰된 화석이 된다. 물론 기본도 익히지 못한 상태에선 버릴 기본도 없으니 응용이나 변형도 없다. 막무가내식의 편법과 임기응변만 있을 뿐이다.

송병락 서울대학교 경제학부 명예교수는 오랫동안 연구한 『손자병법』의 핵심을 '正(직구)으로 맞서고 奇(변화구)로 승리를 결정짓는다.'라는 기정(奇正) 전략으로 정리한다. "정(正)이란 경쟁자도 알고 나도 아는 것이고, 기(奇)란 남은 모르고 나만 아는 것이다."

손자는 "병법의 운용을 물과 같이 하라(夫兵形象水)."라고 가르쳤다. "물의 성질은 높은 곳을 피하고 아래로 흐른다(水之形, 避高而趨下)."라며 "병력의 운용은 가득 찬 데를 피하고 빈 곳을 찌른다(避實而擊虛)."라고 했다.

‖ 강에 대적하는 약의 전략 ‖

1950년 발발한 한국전쟁에서 더글러스 맥아더 장군의 인천상륙
작전은 아무도 예상하지 못했다. 좁은 항구, 넓은 갯벌에 조수간만
차이가 컸기 때문이다.

하지만 유엔군은 낙동강 전투에서 북한군을 정(正)으로 막으며
기(奇)의 인천상륙작전으로 국면을 전환했다. 승리하기 위해선 정
만이 아니라 때로는 기로써 상대방을 제압하는 게 기정 전략의 핵
심이다.

기정 전략은 강자와 약자 모두 활용 가능하나 특히 약자가 강
자를 상대하는 경우 효과적이다. 강력한 정규군을 대적하는 약소
국이 활용해 성과를 거두는 경우가 많았다.

제2차 세계대전 이후 공산 베트남은 프랑스·미국·중국과 전면
전을 벌여 모두 승리했다. 베트남이 상대했던 나라들은 군사적 역
량에서 모두 전통적 강자들이었다.

프랑스는 17세기 부르봉 왕조에서 19세기 나폴레옹에 이르기
까지 유럽을 석권했던 육군 강국이었다. 미군은 20세기 제1차, 제
2차 세계대전에서 승리했고 풍부한 첨단 무기로 대규모 화력전을
전개하는 세계 최강의 군대였다. 중국 공산군은 20세기 중반 국민
당과의 내전에서 게릴라 전술로 절대 열세를 뒤집고 승리했다.

이들을 상대한 베트남 군대의 지휘관 보 응우옌 잡 장군은 프

랑스 식민통치에 대항해 절대 열세로 평가받던 군대를 이끌고 프랑스 군대에게 디엔비엔푸 전투에서 1954년 승리했고, 이어진 미국과의 전쟁에서도 이겼다. 1979년 중국 공산군의 20만 대군이 베트남을 침공하며 발발한 중국-베트남 전쟁에서도 전격 작전으로 기선을 제압하고 대승을 거뒀다.

베트남은 수천 년 동안 북쪽에 이웃한 중국과 대립하는 과정에서 자연스럽게 기정 전략 개념의 게릴라 전술을 발전시켰다. 15세기 초반 명나라에 맞서 독립 왕조를 수립한 레 러이가 대표적이다.

1418년 봉기를 일으킨 후 강력한 명나라 군대와의 정면 승부를 피하며 게릴라 전술로 시간을 벌고 역량을 키웠다. 1426년 명나라 정규군과의 전투에서 대승을 거두고 1428년 명나라 세력을 축출하면서 실질적 독립을 이뤘다.

레 러이가 명군과 장기전을 벌이며 승리했던 요인은 연고지의 익숙한 지형을 활용한 게릴라 전술이었다. 또한 명나라 군대가 수적으로 우세했지만 원정군으로 보급로가 길고 지형에 익숙하지 않았던 약점을 활용했다.

레 러이 이후 500여 년이 지난 20세기 후반에 보 응우옌 잡은 프랑스, 미국, 중공의 강력한 군대와 맞서 기존 병법의 개념을 뒤집는 전술적 접근으로 승리했다. 그의 승부관은 '결전결승(決戰決勝)', 즉 전쟁을 결행하면 승리를 결심한다.

"모든 방법으로 적과 싸워야 한다. 손에 있는 모든 무기로 적과 싸워야 한다. 전략의 핵심은 '적극성·주도·활력·창조·전격'의 다섯 가지다. 전쟁의 예술은 '소(小)로 대(大)를 이긴다, 소(少)로 다(多)와 맞서 싸운다, 양질(良質)로 다량(多量)을 이긴다, 약(弱)으로 강(强)을 이긴다'에서 나온다. 적의 강·약점을 발견한 후 기회를 적시에 활용해 최소의 피해로 최대의 효과를 내 결정적인 승리를 얻는 것이다."

잡 장군은 역사학을 공부하고 20대에 역사 교사와 신문 기자 생활을 했다. 교사와 기자 생활로 '병법의 도'를 터득해 강대국에게 연전연승하며 '붉은 나폴레옹'이라는 별명을 얻었다.

'적이 원하는 시간에 싸우지 않고, 적이 좋아하는 장소에서 싸우지 않으며, 적이 생각하는 방법으로 싸우지 않는다.'라는 병법의 도에 충실하되 응용과 변칙을 다양하게 구사하는 '3불(不) 전략'은 '당신들은 당신들 식으로 싸워라, 우리는 우리 식으로 싸운다.'라는 전술 개념으로 발전하며 승리의 원동력이 되었다.

약점을 보완해
강점으로 전환하라

❈❈❈

짧은 팔 원숭이는 팔이 짧기 때문에 상대방을 공격할 때는 팔을 섣불리 뻗지 않고 팔이 닿을 수 있을 정도로 가까이 다가간 후에 공격을 개시한다. 다시 말해 '짧은 팔 원숭이의 몸'이란 상대방과 대결할 때는 팔을 함부로 내뻗지 않고, 상대방이 검을 휘두르기 전에 몸을 상대에게 재빨리 밀착시켜 거리를 좁히는 기술이다.
                                                    -『오륜서』 '물의 장'

기독교 구약성경에 기술된 '다윗과 골리앗', 약체 소년 다윗이 절대강자 골리앗의 약점을 철저히 공략해 승리한 이야기는 언어적으로 관용구가 되었을 정도로 유명한 영웅담이다.

오십에 읽는 오륜서

전장의 전투를 비롯해 개인과 조직의 경쟁도 마찬가지로 상대방이 있는 게임의 특성상 강점과 약점, 우세와 열세는 모두 상대적이다. 객관적 조건과 전력에서 존재하는 유불리가 곧바로 승패로 연결되진 않는다.

객관적 평가에서 강력한 전력을 갖춘 강자가 유리한 조건에서도 참패하는 경우가 드물지 않다. 객관적 조건을 냉정히 평가해 자신의 강점을 살리고 약점을 보완하며 상대방의 약점을 극대화시켜 기회를 포착하는 전략적 능력이 승패를 결정짓는 요인이다.

무사시가 예시로 든 '짧은 팔 원숭이'는 권투 경기에서 팔이 짧은 선수가 벌이는 근접전, 인파이팅 스타일에 비유할 수 있다. 링 위에 마주 서서 주먹을 주고받는 권투 경기에서 선수의 팔과 키는 객관적으로 중요한 조건이다.

키가 크고 팔이 긴 선수는 상대방을 위에서 내려다보며 긴 팔로 주먹을 내밀기에 절대적으로 유리한 위치에서 게임을 풀어나갈 수 있다. 반면 키가 작고 팔이 짧은 선수는 높이와 거리에서 모두 불리한 조건이지만 스피드를 높이고 강한 펀치로 무장한 인파이터 스타일로 신체적 조건의 열세를 극복할 수 있다.

권투 팬들은 멀찌감치 떨어져 잽을 던지고 카운터 펀치를 노리는 아웃복서보다 맞으면서도 재빠르게 파고들어 상대방에게 주먹을 퍼붓는 인파이터의 화려한 경기를 더욱 매력적으로 여긴다. 동서고금을 막론하고 인간이 벌이는 모든 도전의 가치와 매력이 바로 불리한 객관적 조건에도 한계를 극복하고 성공을 거두는 점에 있다.

‖ 마이크 타이슨과 장훈의 예 ‖

역대 권투 헤비급 챔피언 중 마이크 타이슨은 신체 조건에서 가장 불리한 범위에 속한다. 그는 불우한 어린 시절에 범죄를 저질러 수감된 소년 교도소에서 커스 다마토라는 전설적인 트레이너와 인연이 되어 급성장했다. 다마토는 손자뻘인 타이슨에게 권투 기술은 물론 정신 교육에 가정 교육까지 시키면서 슬럼가의 비행 청소년을 월드스타급으로 조련했다.

타이슨은 1985년 프로 권투에 데뷔해 이듬해인 1986년 WBC, 1987년 WBA와 IBF 세계챔피언을 차지하며 세계 3대 타이틀을 통합했다. 1990년 제임스 더글러스에 패하기까지 3년간 최고 전성기를 가졌다.

타이슨의 키는 178cm에 불과했고 팔 길이는 180cm로 다른 헤비급 선수들보다 최소한 10~20cm 짧았다. 다마토는 절대적으로 불리한 타이슨의 신체 조건을 극복하기 위한 스타일을 개발했다. 상체를 흔들며 빠른 스텝으로 상대방에게 파고들어 강력한 펀치를 날리는 인파이팅 전술이었다. 이를 몸에 익힌 타이슨은 당대 최강자로 올라섰다.

17세에 어머니가 돌아가시고 홀로 남은 타이슨의 유일한 정신적 지주였던 다마토가 1985년 세상을 떠나면서 심신이 흔들린 타이슨의 전성기는 짧았다. 여러 사건에 연루되어 교도소까지 들어갔고 출소 후 재기에 성공했지만 한계가 있었다. 은퇴 후 영화, 드라마 등 다양한 분야에서 좋은 이미지를 만들며 성숙된 모습을 보여주고 있다.

일전에 에반더 홀리필드와의 경기를 앞두고 걱정되지 않느냐는 기자의 질문에 "누구나 그럴싸한 계획은 갖고 있다. 처맞기 전까진(Everybody has a plan until they get punched in the mouth)"이라는 타이슨의 대답은 소위 명언급으로 자주 인용된다.

장훈은 1960~70년대 일본 프로야구에서 활약한 재일동포 출신의 전설적 타자다. 현역으로 뛴 23년 동안(1959~1981) 2,752경기에 출전해 안타 3,085개, 홈런 504개, 타점 1,676점, 타율 0.31915, 도루 319개의 성적을 기록했다. 3,000안타-500홈런-300도루 동시 달성은 일본 최고 기록으로 남았다.

20여 년 동안 최고의 성적을 이어온 장훈이지만 야구선수로선 치명적인 약점을 가지고 있었다. 오른손 새끼손가락과 약손가락이 붙어 있고 손바닥이 완전히 펴지지 않는 장애가 있었다.

1940년 히로시마(廣島)에서 태어난 그는 원래 오른손잡이였는데 네 살 겨울에 강둑에서 모닥불을 쬐던 중 후진하던 자동차를 피하다가 큰 화상을 입었다.

초등학교 5학년 때 야구를 시작하면서 왼손잡이로 바꿨지만 오른손에 힘을 주기 어려웠다. 남들처럼 해선 우수한 선수가 되기 불가능한 상황에서 엄청나게 노력해 공을 자유자재로 밀고 당겨 치는 '광각(廣角) 타법' '부채 타법'을 개발했다.

야구를 좋아하는 가난한 집 아이는 일본 야구를 대표하는 선수로 성장했다. 그는 1981년 은퇴 후 처음으로 가와카미 데츠하루 전 요미우리 자이언츠 감독에게 오른손을 보여줬다.

일본 야구 역사상 첫 2천 안타를 달성해 '타격의 신'으로 불린 가와카미 감독은 장훈의 손을 처음 보고 "이런 손으로 어떻게 야구를 했느냐."면서 놀랐다고 한다.

오른손 타자의 오른손이 불구라는 치명적 약점을 강인한 정신과 불굴의 노력으로 오히려 다양한 각도로 들어오는 공을 넓은 각도로 쳐내는 장점으로 승화시킨 것이다.

소프트파워와 전략,
의지의 중요성

⊗ ⊗ ⊗

일반적으로 공격할 때는 검과 몸이 따로 움직인다. 상대방이 치고 들어오는 상태에 따라 몸이 먼저 나가고 검을 휘두르는 경우가 있고, 몸을 움직이지 않고 검만 움직이는 경우가 있다. 만일 몸이 먼저 나갔다면 곧바로 검을 휘둘러 검과 몸의 움직임이 일치할 수 있도록 해야 한다.　　　　－『오륜서』 '물의 장'

검을 휘두를 때는 몸이 검을 따라 움직이는 일이 없도록 주의해야 한다. 궁극의 경지에 도달한 자만이 검과 몸의 움직임을 완벽하게 일치시킬 수 있다. 그러므로 검을 휘두를 때는 몸과 마음의 중심을 잘 잡고, 검과 몸의 움직임이 일치할 수 있도록 주의해야 한다.　　　　－『병법 35개조』 '15조'

상대방을 타격하는 방식은 다양하다. 핵심은 '검(劍)·몸(身)·마음(心)'의 일치다. 즉 도구인 검, 물리력인 힘, 의지인 마음의 3자를 일치시켜야 힘이 실린 효과적인 공격이 된다.

현대 검도에선 '기검체(氣劍體)' 일치로 표현한다. 기는 마음, 검은 도구, 체는 몸이다. 마음·도구·몸의 세 가지를 일치시켜 타격해야 공격을 인정한다.

검도가 현대에 와서 스포츠로 변했지만 죽도(竹刀)가 상대방에 닿는 것과 의지를 담아 치는 걸 구분해 점수를 매긴다. 검도가 사생결단의 칼싸움에 연원을 두고 있는 스포츠이기 때문이다. 기검체 일치가 검도 특유의 표현이긴 하지만 도구를 사용하는 모든 동작에서 공통적이다.

타석의 야구선수는 '마음·배트·팔'이 일치된 스윙이 공을 쳤을 때 좋은 타구가 나온다. 골프에서도 마찬가지로 '마음·팔·골프채'가 일치해야 공이 의도한 방향으로 날아간다. 검도를 비롯해 야구, 골프 등 모든 운동에서 '마음·도구·몸'이 따로 놀면 힘이 분산되고 정확도가 떨어져 소기의 성과를 거두지 못한다.

기검체 일치와 비슷한 말로 심기력(心氣力) 일치가 있다. 기는 기세를 의미하고 심은 정신의 작용이나 판단력, 력은 몸과 칼의 이동을 포함한 모든 신체 동작을 가리킨다. 이기려는 의지만 지나치게 강하면 마음의 평정을 잃어 몸에 힘이 너무 들어가고 경직되어 필살의 일격이 나오지 않는다.

무심(無心)의 경지에서 나오는 회심(會心)의 타격이란 왕성한 기백을 지니면서도 마음은 냉정한 판단력을 갖고 몸은 자연스럽게 움직이는 경지다. 기검체 일치, 심기력 일치는 모두 몸과 마음, 칼의 관계에 중점을 둔 가르침이다.

일본의 전승에 따르면 젊은 시절의 무사시는 명망 높은 검객인 마루메 나가요시에게 도전했다. 당시 나가요시는 90살 나이로 약간 명의 제자와 함께 낙향해 농사를 지으면서 말년을 보내고 있었다. 두 검객은 칼을 뺀 자세로 마주 서서 자세를 잡았지만 칼을 섞진 않고 무사시가 칼을 거뒀다. 나가요시가 단지 칼을 빼고 마주선 동작만으로 무사시를 물러나게 했다는 전설은 비록 90살 노검객이지만 기검체가 일치된 자세에서 풍겨나오는 기세를 잘 나타내는 일화다.

‖ '마음·도구·몸'을 일치시켜라 ‖

기검체를 조직에 대입하면 기는 의지, 검은 전략, 체는 역량에 비유할 수 있다. 이런 관점에서 국제정치 분야 유명인 레이 클라인의 '국력방정식'을 적용해본다. 그는 미국 중앙정보부(CIA) 부국장과 조지타운대학교 교수를 지낸 경험을 살려, 1980년 국력을 'P=(C+E+M)×(S+W)'라는 방정식으로 정리했다.

국력(perceived power)은 인구와 영토(critical mass), 경제력 (economic capability), 군사력(military capability)의 물리적 역량에 전략(strategic purpose)과 의지(will to pursue national strategy)를 곱해 산출한다.

국력을 하드파워와 소프트파워로 구분하는 방정식의 백미는 '곱하기(×)'의 특성이다. 물리적 역량인 영토, 인구, 경제력, 군사력이 아무리 거대하더라도 정신적 조건인 전략과 의지가 제로(0)면 국력은 결국 제로가 된다.

▶ P = (C+E+M) × (S+W)

 - P = perceived power(국력)

 - C = critical mass= population + territory(인구, 영토)

 - E = economic capability(경제력)

 - M = military capability(군사력)

 - S = strategic purpose(전략)

 - W = will to pursue national strategy(의지)

클라인의 국력방정식에 리더십의 요체가 내포되어 있다. 소프트파워 관점에서 리더십은 미래의 번영을 위한 전략 방향을 제시하는 능력에서 출발해 구성원의 실행 의지를 결집하는 역량으로 현실화된다. 리더의 허황된 전략을 추종하는 구성원의 의지가 분

출되면 파멸적 비극으로 이어진다. 의지가 뒷받침되지 않는 전략
은 혼돈적 희극으로 귀결된다.

강력한 소프트파워와 전략, 의지로 취약한 하드파워와 물리적
역량을 극복한 사례가 1948년 건국한 이스라엘의 현대사다. 이집
트와 시리아 등이 둘러싼 아랍 세계에서 절해고도처럼 출발한 이
스라엘은 영토, 인구, 경제력, 군사력 등에서 적대국들과 비교 자
체가 불가능했다.

그러나 1973년까지 치른 네 차례의 전쟁에서 승리했다. 지도
자와 공동체의 전략적 역량과 강인한 의지라는 소프트파워에서
비롯되었다. 나아가 이스라엘은 1970년대 후반부터 주변국과 외
교 관계를 수립하고 하드파워를 강화하며 21세기에는 글로벌 첨
단산업의 혁신 기지로 성장했다.

역사적으로는 고대 로마가 하드파워와 소프트파워의 균형을
장기적으로 유지해 번영한 사례다. 실질을 숭상했던 로마인들은
허풍 떠는 정신승리를 경멸했고 전쟁을 두려워하지 않았다.

철저한 준비 없는 전쟁을 무모하다고 여겼다. '로마군은 병참
으로 이긴다.'라는 평판으로 압축된다. 로마군의 전쟁 준비는 병력
규모, 무기와 군량 같은 물질적 요소를 먼저 정비하고 사기, 투지
등 정신적 요소를 최대화하는 방식이었다.

엄격하고 진지한 훈련으로 유명했던 로마 군단은 훈련과 실전
의 차이는 피가 흐르느냐 아니냐의 차이뿐이라고 했다. 적군과 아

군으로 나눠 진행하는 모의 전투도 실전을 방불케 해 훈련 중 동료에게 상처를 입혀도 문책당하지 않았다. "훈련은 피를 흘리지 않는 전쟁이고, 전쟁은 피를 흘리는 훈련이다."라는 로마 군단의 신조에 잘 나타나 있다.

병참 지원이 미흡해 빈약한 무기에 식량 부족으로 굶주리며 전장에 나서면 승리는 고사하고 떼죽음을 면하기 어렵다. 부대 단위의 소규모 전투가 아니라 국가 단위의 대규모 전쟁에서 병참 지원 없이 정신력만으로 승리하는 건 더더욱 불가능하다.

물론 로마군에도 패배는 있었다. 그러나 물질적 준비가 철저한 병참에 실전 수준의 훈련으로 정신력을 높였기에 무적의 명성을 얻었다.

승리에서 중요한 건
숫자가 아니다

❁❁❁

물고기 떼를 몰듯 상대방을 몰고, 적의 대열이 무너졌다고 판단되면 쉴 틈을 주지 않고 강하게 찔러 넣어야 한다. 여러 명이 몰려 있는 곳을 무턱대고 공격해선 안 되며, 적이 나오는 방향을 예측해 기다렸다가 공격하는 게 아니라 적이 치고 들어오는 순간을 포착해 적을 무너뜨릴 허점을 찾아 공격해야 한다.

－『오륜서』'물의 장'

혼자 여러 명의 적을 상대할 때의 전술이다. 방어와 공격을 교차해 차례차례 대열을 무너뜨리면 혼자라도 여러 명을 상대할 수 있다. 중요한 건 수동적이어선 안 된다는 점이다. 침착하게 공격하며 적의 대열을 무너뜨리면 지체하지 말고 공격해 승리를 굳혀야 한다.

여러 명의 적이지만 각각의 목숨은 하나다. 하나씩 공격해 기선을 제압한 후 대열을 무너뜨리면 이길 수 있다는 교훈은 무사시의 실전 경험에서 비롯된다. 특히 수적으로 불리한 상황에서 가장 중요한 건 침착함의 유지다.

상대방은 숫자를 믿고 교만하게 마련이기 때문에 유리한 장소와 시간을 선택해 침착하게 방어하며 상대방의 공격을 맞받아치면 의외로 손쉽게 무너뜨릴 수 있다. 일단 대열이 무너지면 숫자는 의미가 없다.

조직범죄단인 미국의 마피아, 일본의 야쿠자, 중국의 삼합회 등은 사회악이면서도 드라마, 영화, 소설 등의 콘텐츠로 스토리가 생산되는 대중의 주요 관심 대상이기도 하다. 20세기 초반 일제강점기부터 등장한 우리나라의 조폭들도 대중문화에서 다양한 콘텐츠로 가공되고 있다. 시라소니, 김두한 등이 상징하는 1세대 주먹 싸움꾼들도 회고담으로 이야기를 많이 남겼다.

항상 경쟁 조직의 습격을 경계해야 하는 이들은 언제나 문을 보는 좌석에 앉고, 어디서나 출구를 확인하며, 숫자가 적은 경우에는 좁은 공간에서 한 명씩 상대하는 등의 원칙을 이야기했다. 무사나 주먹들이나 소수가 다수를 상대하는 경우에는 마찬가지였던 것이다. 이런 접근은 개인이나 집단이나 마찬가지다.

오십에 읽는 오륜서

‖ 대열을 유지하고 허점을 타격하라 ‖

서양 역사에서 소규모 병력이 대군을 상대로 분전을 벌인 가장 유명한 전투는 기원전 480년 페르시아 군대와 그리스 연합군 간에 테르모필레에서 벌어졌다. 페르시아 100만 대군에 맞선 그리스 연합군은 7천여 명에 불과했다. 1대 100이 넘는 절대적 병력 차이로 평원에서의 정면 대결로는 승산이 없다고 판단한 그리스 연합군은 좁은 협곡에 진을 치고 페르시아 대군과 격전을 펼쳤다.

압도적으로 우세한 병력에도 좁은 협곡의 지형적 이점을 활용하는 그리스 연합군의 방어망을 돌파할 수 없었던 페르시아군은 첩자에게서 얻은 정보로 우회로를 통해 배후에서 공격했다. 스파르타의 레오니다스 1세는 스파르타 정예 병력 300명을 비롯해 1천 명의 병사가 전사하며 패했지만, 진격을 저지한 3일간의 투혼이 그리스 전역에 전해지면서 사기가 올라간 그리스 연합군은 살라미스 해전에서 승리해 페르시아의 침략을 물리친다.

우리나라에선 임진왜란 당시 1597년 이순신 장군의 명량대첩이 대표적이다. 13척으로 적선 200척을 격퇴한 승리는 물살이 거세고 좁은 바다의 특성을 활용해 지리적 우세를 점한 다음, 많은 숫자를 믿고 일제히 공격하는 왜군 함선들의 대열을 무너뜨리고, 승기를 잡았을 때 끝까지 밀어붙였기에 가능했다. 수적 열세를 지리적 이점과 전술적 우위를 바탕으로 극복한 역사적 승리다.

한편 1636년 병자호란 당시 경기도 광주 근방의 쌍령(雙嶺) 전투에서 조선군 4만 명이 불과 300명의 청나라 기병에게 참패한다.

1636년 12월 청 태종이 직접 12만 대군을 이끌고 조선을 침략했다. 청군은 얼어붙은 압록강을 건너 불과 열흘 만에 조선의 수도 한양에 육박했다. 조선 조정은 강화도로 피난을 떠났으나, 청 기병들이 일산 근방까지 진출했기에 경기도 성남 근방의 남한산성으로 들어갔다. 남한산성에 고립된 인조를 구원하고자 경상도에서 조총으로 무장한 조선군 4만 명이 편성되어 북상했다.

1월 2일 쌍령에 도달한 조선군이 청군 척후였던 300기의 기병과 조우하며 전투가 벌어졌다. 청의 척후병들이 조선군 진지에 다가오자 전투 경험이 부족하고 조총에 숙련되지 못한 조선군 병사들이 무차별로 난사하며 순식간에 화약이 소진되었다.

이 틈을 타 청 기병이 본진을 급습해 일대 혼란이 벌어졌다. 무기를 내던지고 도주하는 조선군 병사들 절반이 서로에게 밟혀 죽을 정도의 참극이 벌어진 것이다. 동원 가능한 유일한 구원군이 궤멸되며 조선 인조는 청나라에게 항복했다.

불과 40년의 차이를 두고 벌어진 임진왜란의 대승과 병자호란의 대패를 생각하면, 승리에서 중요한 건 숫자가 아니라는 점을 다시 깨달을 수 있다. 많다고 강한 게 아니다. 숫자와 규모는 승리의 한 가지 요인에 불과하다.

매일 꾸준히
노력하고 인내한다는 것

❀❀❀

'천 리 길도 한 걸음부터', 선조의 말씀을 깊이 새겨 병법의 도를 깨우치는 게 무사의 소임임을 깨닫고 느긋하게 정진하라. 오늘은 어제의 나에게 이기고 내일은 한 수 아래인 자에게 이겨, 훗날에는 한 수 위의 자에게 이기겠다는 마음가짐으로 단련에 힘쓰고, 그릇된 길로 빠지지 않도록 마음을 단련하라.

－『오륜서』 '물의 장'

바위 같은 마음이란 흔들림 없이 강하고 굳센 마음이다. 모든 병법의 이치를 스스로 터득해 최고의 경지에 도달한 사람의 마음은, 인간은 물론 감정을 느끼지 못하는 식물들조차도 감히 범접하지 못할 정도로 강인하다. 그러므로 무사는 비가 내리고 바람이 불어도 절대 흔들리지 않는 바위와 같이 강인한 마음을 가져야 한다.
-『병법 35개조』 '34조'

땅에서 기초를 쌓았으면, 물로 유연성을 배우고 응용력을 키운다. 높은 곳에서 낮은 곳으로 쉬지 않고 흘러내리는 물처럼 몸을 낮추고 꾸준히 수련해야 한다.

기본을 익히고 유연하게 응용하는 자세, 기본에 충실하지만 기본에 집착하지도 않는 응용력, 어떤 경우에도 평정심을 유지하고 감정에 이끌리지 않는 마음의 힘, 부단히 자신을 수련해 높은 경지를 추구함은 무사의 기본 덕목이다.

물이 항상 흐르듯 무사의 길도 정체되어선 안 된다. 꾸준히 수련해 자신을 이기고 발전해야 한다. 타인을 이기기 위한 무사의 도는 결국 매일매일 자신을 이기는 과정에서 만들어진다. 타인이 아니라 자신을 이기는 수련이 무사의 길이다.

무사시는 1천 일의 연습을 '단(段)'이라 하고 1만 일의 연습을 '연(練)'이라 했다. 단련(鍛鍊)이라는 글자에는 진정한 무예를 익히려면 1천 일, 1만 일을 수련해야 한다는 의미가 담겨 있다. 이를 가슴에 깊이 새겨 1천 일, 1만 일 부지런히 수련에 수련을 거듭하다 보면 반드시 필승의 경지에 도달할 수 있을 거라고 가르쳤다.

오십에 읽는 오륜서

‖ 매일매일 자신을 이기며 나아가라 ‖

말콤 글래드웰이 『아웃라이어』에서 설파한 '1만 시간의 법칙'이 연상되는 대목이다. 아주 뛰어난 천재를 제외하곤 성공한 사람 대부분은 최소한 1만 시간을 투자했다는 분석이다. 또한 천재라고 칭송되는 사람들도 사실 젊은 시절 투자한 1만 시간이 바탕이 되어 성공할 수 있었다는 관찰이다. 올림픽 메달리스트들도 기나긴 훈련 과정에서 흘린 땀과 눈물이 있었기에 영광의 시상대에 설 수 있었다.

이처럼 화려한 성공의 이면에는 항상 꾸준한 노력과 자신을 이기는 인내심이 있다. 적을 베는 승부의 순간은 짧지만, 이 순간을 위한 1천 일, 1만 일의 노력이 있게 마련이다.

1950년대 전성기를 보낸 전설의 프로 골퍼 벤 호건은 하루도 쉬지 않는 연습 벌레였다. 그는 "하루를 쉬면 내가 알고, 이틀을 쉬면 캐디가 알고, 사흘을 쉬면 갤러리가 안다."라는 명언을 남겼다. 오늘날 우리나라 골퍼들에게도 회자되는 경구는 골프 이외에 다양한 분야에서 인용되는 보편성을 확보했다.

세상에는 명인이 많다. 각 분야에서 인정받는 명인들이나 각 분야의 리더들은 꾸준한 정진으로 부단히 자신의 세계를 확장해 나가는 점에서 공통적이다.

스페인 태생의 입체파 화가 파블로 피카소에 관한 일화다. 어떤 여인이 파리의 한 카페에 앉아 있던 피카소를 알아보고 자신을 그려달라고 부탁했다. 물론 값은 치르겠다는 조건이었다. 피카소는 흔쾌히 수락하고 단 몇 분 만에 여인의 모습을 스케치해줬다. 그리고는 농담 삼아 50만 프랑(한화 약 8천만 원)을 요구했다. "아니 당신은 그림 그리는 데 고작 몇 분밖에 안 쓰셨잖아요." 여인은 항의했다. "천만에요, 40년이 걸렸습니다." 피카소의 대답이었다.

이나모리 가즈오 교세라 회장은 마쓰시타 고노스케, 혼다 소이치로와 함께 일본에서 가장 존경받는 3대 기업가로 꼽힌다. 그는 "왜 일하는가"라는 질문에 다음과 같이 답한다. "나는 내면을 키우기 위해 일한다고 생각한다. 내면을 키우는 건 오랜 시간 엄격한 수행에 전념해도 이루기 힘들지만, 일에는 그것을 가능하게 하는 엄청난 힘이 숨어 있다. 매일 열심히 일하는 건 내면을 단련하고 인격을 수양하는 놀라운 작용을 한다."

삶을 바라보는 관점은 연배에 따라 다르다.

젊은 시절에는 단거리 경주(Race)로 바라보지만 세월이 흐르면 장거리 마라톤(Marathon)으로 변한다. 20~30대에는 열정과 의욕으로 질주함이 당연하지만 40~50대에는 대부분 호흡과 완급을 깨닫는다. 각자의 삶에 각자의 경로와 리듬이 있음을 체감하기 때문이다. 젊은 시절에는 재능으로 앞서 나가기도 하지만 부침이 있게 마련인 인생이라는 마라톤에선 노력과 인내로 숙성되어야 멀리 간다는 직간접적 경험을 하기 때문이다.

오십에 읽는 오류서

3부

오십에는 평정심을
유지해야 한다

불火의 장

불은 변화다

전장에서의 싸움은 걷잡을 수 없이 커지는가 하면 일순간에 꺼질 듯 작아지기도 하는 변화무쌍한 불과 같다. 전장에선 타오르는 불처럼 순식간에 상황이 변하고 전환점이 만들어져 승패가 갈린다. 격동의 전장에선 심리도 더욱 불안정해진다. 찰나의 순간에 목숨이 오락가락하는 진검 승부의 현장에서 무사가 불안·초조·공포에 휩싸이면 승리는 멀어진다.

부하를 이끌고 전장에 나선 장수에게 병사들의 불안정한 심리는 양날의 검이다. 전략적으로 의도한 방향으로 분출시키면 긍정적 에너지를 발휘할 수 있지만 조직 전체를 붕괴시키는 도화선이 될 수도 있다.

작전 없는 전투는 없지만, 작전대로 전개되는 전투도 없는 법이다. 철저한 준비와 치밀한 작전에도 전장은 격변하게 마련이다. 실전에 나선 승부사는 세부적 사항까지 사전에 철저히 준비해 유기체처럼 변하는 전장 상황에 따라 차분하게 대처할 수 있는 능력을 길러야 한다.

이런 배경에서 역동적이고 변화무쌍한 전투에 대처하기 위해선 역설적으로 내면적 평정심 유지가 중요하다. 홀로 싸우든 무리를 지어 싸우든 병법의 기본은 동일하다. 상대방의 미세한 변화도 꿰뚫어볼 수 있는 날카로운 안목을 기르고, 소소한 징후에도 주의를 기울이는 세심함을 갖춰야 한다. 이를 위해선 평소 부단한 수련으로 어떤 상황에도 흔들리지 않는 평정심을 길러야 한다.

결정적 경쟁 우위를
선점하는 법

❀❀❀

싸움을 할 때는 태양을 등지는 자리가 유리하다. 또한 상대방보다 조금이라도 높은 곳을 차지해 상대방의 기선을 제압해야 하는데, 높은 사람이 상석에 앉는 것과 같은 이치다. 싸우다가 도망치는 상대방을 추격할 때는 상대방을 왼쪽으로 몰아 벽이나 모서리 쪽으로 유도해 퇴로를 차단시켜 도망칠 틈을 주지 않고 몰아붙여야 한다. 이렇듯 장소의 특수성을 잘 이용하면 싸움에서 손쉽게 우위를 차지할 수 있다. ―『오륜서』 '불의 장'

승부의 현장은 불처럼 치열하다. 단편적 기술을 넘어서 싸움의 본질을 이해해야 실전에서 승리할 수 있다. 싸움의 본질은 이론과 경

오십에 읽는 오륜서

험이 모두 갖춰져야 터득된다. 『오륜서』는 실제로 칼을 써서 상대방을 베어 본 실전 경험이 뒷받침된다는 차별점이 있다.

검법을 연마했더라도 연습 게임만 해본 사람은 이런 경지에 이르기 어렵다. 실전에는 책을 읽고 공부만 하던 백면서생이 흔히 빠지는 허구적인 탁상공론이 끼어들 여지도 없다. 무사시는 "목숨 건 숱한 싸움으로 삶과 죽음의 분기점을 터득했고, 검의 원리를 익혀 상대방이 검을 휘두르는 모습만 보고서도 그 기량과 검법을 간파한다."라고 자신 있게 말한다.

60여 차례의 결투에서 승리한 무사시는 지형을 중시했다. 특히 강적과의 대결을 앞두고는 은밀한 사전 정찰로 지형을 파악하고 유리한 위치를 선점했다. 객관적으로 대등한 실력에선 지형의 유리점이 승패를 결정하는 변수가 되고, 설사 실력에서 뒤지더라도 지형적 유리점으로 보완해 승리했던 경험을 강조하고 있다.

'유리한 위치를 차지하라.'는 말은 주어진 여건과 변화하는 상황에서 유리한 위치를 차지하라는 가르침이다. 태양이나 불빛을 등지는 자세는 언뜻 사소해 보이지만 찰나의 순간에 생과 사가 오가는 승부의 현장에선 결정적 유리점(有利點)이 되기도 한다. 실력을 과신하지 말고 어떤 상황에서도 철저하게 준비하고 최대한 유리한 위치를 선점해 승리의 가능성을 높이라는 조언이다.

‖ 유리한 위치를 차지하라는 의미 ‖

현대 저격수는 전국시대 무사와 유사점이 많다. 작전 단위가 개인이고 적군 저격수와 일대일 승부도 벌인다는 점에서 그렇다.

역사적으로 겨울전쟁에서 소련군 542명을 저격한 핀란드군 시모 해위해, 제2차 세계대전에서 독일군 225명을 저격한 소련군 바실리 자이체프가 유명하다.

미군에선 1960년대 베트남 전쟁의 미국 해병대 소속으로 93명을 저격한 카를로스 헤스콕과 미국 해군 특수전부대 네이비 실 소속으로 이라크 전쟁에서 160명을 저격한 크리스 카일이 대표적이다.

크리스 카일 소속 부대인 브루저 기동대의 지휘관이었던 조코 윌링크는 크리스 카일이 최고의 실력을 보인 이유를 철저한 준비와 현장 점검, 강한 책임감으로 압축했다.

> "그는 강력한 책임감으로 임무를 수행했다. 치밀하게 작전을 계획하고 정찰해 유리한 공격지점과 대상을 확인했다. 그리고 적절한 시간에 사전 지정한 위치로 이동했다. 두 시간 이상 조준경을 들여다보면 지루해지고 집중력을 잃게 마련인데, 그는 최고 수준의 규율로 자신을 통제하면서 적진을 경계했다. 그는 운이 좋았지만 그 운의 상당 부분은 스스로 만들었다."

조코 윌링크는 '불확실한 상황 속에서의 결단력(Decisiveness amid Uncertainty)'을 크리스 카일이 보여준 탁월한 역량의 핵심으로 결론지었다.

일대일 결투, 군대 간 전투, 기업 간 경쟁 등 상대방이 있는 승부는 상대 우위, 비교 우위의 세계다. 상대방이 강한 것과 내가 이기는 건 다른 문제다. 아무리 강한 적도 약점이 있게 마련이다.

객관적으로 약해 보이는 전력에도 찾아 보면 상대적 강점은 있다. 또한 당일 전장의 지형, 기후 등 제반 상황에 따라 상대방의 장점이 무력화될 수도 있다. 따라서 환경과 여건을 활용해 우위를 점하면서 자신의 장점을 살리고 적의 약점을 노출시키는 유리한 위치를 확보하는 게 승리에 이르는 요체다.

무사 입장에서 비교 우위는 신장과 팔 길이 등 타고난 신체 조건이지만, 경쟁 우위는 지형지물, 위치와 시간을 주도적으로 선택해 만들어 내는 전술 차원의 창조적 우위다.

요즘 표현으로 무사시는 사무라이의 신체적 스펙이 앞선다고 결투에서 이기는 게 아니라 스펙을 활용하고 때로는 뛰어넘는 전술적 역량이 뒷받침되어야 승리할 수 있다고 가르친다.

어떤 상황에서도
주동적으로 움직여라

❀❀❀

기회를 잡는 방법에는 세 가지가 있다. 상대방이 공격해 오기 전에 기회를 잡아 먼저 공격하는 방법을 '선(先)의 선'이라 하고, 상대방이 먼저 공격해 오길 기다렸다가 빈틈을 공격하는 방법을 '후(後)의 선'이라고 한다. 마지막은 '대등(對等)의 선'으로 서로 공격하는 가운데 먼저 기회를 잡아 공격하는 방법이다. 싸움에서 이기려면 상대방보다 먼저 기회를 잡아야 한다.

-『오륜서』'불의 장'

먼저 기회를 만들어 잡는 자가 이긴다. 기회를 잡는 방법은 '선의 선' '후의 선' '대등의 선' 세 가지가 있는데 중요한 건 모두 선(先)

이라는 점이다.

공격을 시작하는 것과 기회를 포착하는 건 다르다. 선제공격이라도 일격필살의 기세가 부족한 허세는 약점만 노출할 뿐이다. 선제공격이든 역공이든 맞서기든 중요한 건 표면적으로 보이는 공격 순서가 아니라 '실질적인 기회를 누가 잡았느냐.'라는 점이다.

이런 맥락에서 무사시는 전장의 '주동성(主動性)'을 강조한다. 어떤 상황에서도 자신은 공격에 유리한 위치에 자리 잡고 적은 방어로 일관하도록 유도해 주도권을 확보해야 한다고 강조한다. 그리고 선수를 치려면 어떤 상황에서도 주동적으로 움직이는 법을 훈련해야 한다고 강조한다.

공격과 방어가 끊임없이 교차하는 칼싸움에선 기회가 순식간에 생겼다가 사라진다. 이때 침착하게 기회를 포착해야 한다는 점에서 '선의 선'은 현대 검도에서도 가장 정확하고 깨끗한 승리로 인정하는 공격이다.

"적의 형세를 파악하고 본격적인 공격 이전에 선제공격으로 예봉을 꺾어라. 그리고 적군의 기세가 꺾이는 순간 강하게 몰아붙여 승리를 확정하라."는 무사시의 가르침은 일대일에서든 집단 간의 전투에서든 병법의 기본이다.

‖ 철저한 준비와 전략의 선제공격 ‖

일본 전국시대 최고의 무장으로 평가받는 오다 노부나가는 기회 선점에 탁월했다. 노부나가의 전략적 역량은 오케하자마 전투에서 여실히 드러난다.

1560년 당시 오와리국의 태수였던 노부나가는 이마가와 요시모토가 이끄는 4만 대군의 공격을 받았다. 노부나가의 병사는 4천 명 정도였다. 비상 회의를 열었으나 참모들의 의견은 비관적이었다. 열 배나 되는 적에 맞서 싸우는 건 무모하니 험한 꼴 당하기 전에 차라리 모두 함께 자결하자는 게 중론이었다.

노부나가는 출정 명령을 내리고는 아츠타 신궁(神宮)으로 달려갔으나 뒤를 따르는 병사들은 1천여 명에 불과했다. 그는 신궁 안으로 들어가 승리를 기원하는 참배를 올렸다. 그때 신의 계시라도 받은 것처럼 흰색의 비둘기가 날아올랐다.

초조함과 두려움이 섞인 심정으로 대기하고 있던 병사들은 흰색 비둘기라는 길조를 보고 사기가 솟구쳤다. 마침 비가 내리기 시작하자 노부나가는 부하들에게 "적에게 들키지 않고 기습할 기회를 하늘이 내렸다."라고 고무해 전의를 북돋았다.

적진 앞에 다다른 그는 공격 명령을 내리고 그대로 돌격했다. 열 배의 숫자를 믿고 방심하고 있던 요시모토군은 노부나가군의 예기치 않은 선제공격에 우왕좌왕했다. 목숨을 아끼지 않고 돌격하는 노부나가의 모습에 병사들의 전의가 불타올랐다. 결국 노부나가군이 승리를 거뒀다.

하지만 노부나가는 자신감과 운에만 의존하지 않은 치밀한 전략가였다. 아츠타 신궁에서 흰 비둘기를 날린 사람이 바로 노부나가 자신이었다. 두려움에 떠는 병사들의 심리를 읽고 선수를 친 것이다. 또한 전투 당일 비가 올 가능성이 상당히 높다는 것도 예측하고 있었다. 기습 시 정확한 지점을 선택해 공격한 건 노부나가가 일찍이 방랑하던 시절, 그 지역을 지나며 지형을 철저하게 익힌 덕분이었다. 선제공격의 성공은 우연이 아니라 철저한 준비와 전략의 결합물이었던 것이다.

폭풍우가 위대한
뱃사공을 만든다

❀❀❀

바다를 건너다 보면 긴 해협을 지나야 할 때도 있다. 선장은 배의 성능을 잘 알아야 하며 날씨의 변화를 예측할 수 있어야 한다. 살다 보면 수없이 많은 난관에 부딪힌다. 크든 작든 모든 싸움에 위기의 순간이 찾아오게 마련이다. 그 때마다 포기하거나 좌절하지 말고 넓은 바다에 배를 띄우는 선장의 마음가짐으로 난관을 뛰어넘어야 한다.

-『오륜서』'불의 장'

잔잔한 호수에서 유람선 선장은 만들어져도 대양을 건너는 선장은 나오지 않는다. 진정한 승리자는 위기를 이겨내고 탄생한다. 검성(劍聖)으로 추앙받는 무사시도 마찬가지였다. 젊은 시절부터 수

많은 고비와 어려움을 겪으며 성장한 무사시는 승부사의 삶을 넓은 바다를 건너는 배의 선장에 비유했다.

"동행하는 배 없이 망망대해에 홀로 떠 있어도 당황하거나 두려워하지 않고 때로는 순풍을 타고 때로는 역풍을 거슬러 올라갈 수 있어야 한다. 바람의 방향이 갑자기 바뀌어 진로에 방해를 받아도 노를 저어 가겠다는 각오로 임해야 한다."

승부사는 물론 평범한 일반인의 삶조차도 굴곡이 있고 좋은 날과 나쁜 날이 교차하게 마련이다. 좋은 시기에 교만하지 않고 나쁜 시기에 좌절하지 않는 마음 자세를 가져야 한다. 특히 승리와 패배가 분명한 승부의 세계에선 누구나 최선을 다해 이기려 한다.

모든 여건이 갖춰진 상태에서 전투에 나서는 장수는 없다. 아무리 준비해도 완벽할 수는 없는 게 사람의 일이고, 철저히 준비했더라도 예기치 않은 변수로 상황이 바뀌는 일은 허다하다.

개인은 물론 인간들이 모여 만든 국가, 기업, 종교 단체 등 조직도 유기체처럼 '탄생-성장-발전-쇠퇴'의 단계를 거친다. 이 과정에서 크고 작은 어려움과 위기는 일상적이다.

개인은 부모의 슬하를 떠나 활동기로 들어서며 세파에 노출된다. 이런저런 도전과 시련을 겪으며 성장한다. 남들 보기에는 승승장구해도 나름대로의 우여곡절은 필연적이다. 크고 작은 성취에 교만하지 않고 실패에 좌절하지 않는 마음 자세로 임하며 시간이 흐르면 정신적으로 성숙해지고 자신의 세계를 만들어 나간다.

조직의 경우 신생아와 같이 취약한 형성 초기 상태에서 자신만의 생존 공간을 확보해야 하지만, 기반이 구축되고 안정기에 들어서면 성장통과 내부 분열이라는 불청객이 찾아온다. 성장과 발전 단계에선 기존의 강력한 경쟁자들과 사활을 건 싸움이 불가피하다. 확장에 성공한 거대하고 강력한 조직의 적은 바로 자신이다.

과거의 성공과 현재의 번영에 안주해 변화에 둔감해지고 내부 혁신을 이뤄내지 못하는 화석이 되어버리는 개인과 조직은 그 자체의 무게를 이기지 못하고 무너져 내리고, 새로운 도전자들이 빈 자리를 차지하는 과정이 반복된다.

세상에 영원불멸한 존재가 없듯 아무리 번영하던 개체도 언젠가 쇠퇴하게 마련이다. 하지만 성공 이후에도 내부적 긴장감을 유지하고 혁신을 통해 변화에 적응하면 번영을 연장하고 쇠퇴를 늦출 수 있다.

이런 면에서 개인과 조직의 성장과 발전은 위기 극복의 연속 과정으로 이해할 수 있다. 각 단계별로 찾아오는 위기는 개인이나 조직의 특성과 환경에 따라 양상이 다르게 나타나지만 성장 과정에 필연적으로 수반된다.

‖ 이것이 진정한 챔피언 마인드 ‖

삶에서 불확실성 자체를 제거할 수 없듯 위기 자체를 회피하긴 어렵다. 다만 성공과 실패는 위기에 맞서 극복하는 방식에서 차이가 난다. 성공하는 개체는 위기를 맞아 더욱 강해지고 도약의 계기로 삼는 반면 실패하는 개체는 위기가 오면 무너진다. 장기적으로 보면 기업의 성장 과정은 연속적이지 않고 불연속적이다.

"기업은 매출을 늘리고 수익성을 높여 단계적으로 성장하는 게 아니다. 변화에 대응을 제대로 못한 경쟁사가 변화의 변곡점에서 내외부의 파도에 무너질 때 점프하듯 성장한다." 개인의 경우도 마찬가지라고 생각한다.

레프 톨스토이의 소설 『안나 카레니나』는 "행복한 가정은 모두 엇비슷하지만, 불행한 가정은 저마다 다른 불행을 안고 있다."라는 문장으로 시작한다. 이것을 위기 극복의 역사라는 관점에서 바라보면 '위기는 저마다 다른 형태로 다가오지만, 위기를 이겨내는 방법에는 공통점이 있다.'라고 바꿔볼 수 있다.

개인과 조직이 처한 환경과 특성에 따라 위기는 다른 모습으로 찾아온다. 개인적 차원에선 건강, 가족, 직업 등이고 집단 차원에선 공동체 내부의 분열, 외부 경쟁자의 도전, 개혁에 대한 내부 반발 등이다. 양상은 매우 다양하지만 위기 극복의 방법에는 공통점이 있다. 현실을 냉정하게 인식하고 실질적인 방향성을 수립하고 최선을 다해 돌파하는 자세다.

부동산 투자로 대형 비즈니스 그룹을 일구고 미국 대통령 선거에 출마해 2017년 대통령 취임에 성공했던 도널드 트럼프는 사업가로서 수차례의 부침을 겪었다. 그는 역경을 이겨내는 힘을 정신력이라고 말한다.

"여러 차례의 성공과 실패 경험을 통해, 나는 성공이 지식이나 기술에 좌우되는 게 아니라 위기를 극복할 수 있는 지혜와 강한 마음에 달려 있다는 걸 깨달았다. 사람은 역경을 겪을수록 마음에 군더더기가 없어지고 담대해진다. 치열한 비즈니스 세계에서 살아남으려면, 최선을 다하겠다는 태도는 기본이고 무슨 일이 있어도 반드시 해내겠다는 정신력이 있어야 한다. 이것이 진정한 챔피언 마인드다."

오십에 읽는 오륜서

승기를 잡아
끝까지 밀어붙여야 할 때

⊗⊗⊗

세상 모든 일에는 흥망성쇠가 있다. 흥할 때가 있는가 하면 망할 때도 있다. 사기가 충천해 하늘을 찌르던 적군의 기세가 한순간에 꺾여 흔적도 없이 궤멸되어버리기도 한다. 대규모 전쟁을 할 때는 적군의 기세가 꺾이는 순간을 놓치지 않고 강하게 몰아붙여야 한다. 그 순간을 놓쳐 적군이 재정비할 틈을 주면 승패를 가를 수 없는 지지부진한 상황이 되풀이될 수 있기 때문이다.

-『오륜서』 '불의 장'

전장은 격변한다. 타오르는 불처럼 순식간에 상황이 변하고 흐름이 뒤집히고 승패가 갈린다. 혼돈의 전장에서도 실전 경험이 풍부한 지휘관은 미세한 흐름의 변화를 감지하고 공격과 수비의 국면을 전환한다. 잡은 승기를 놓치지 않고 기세를 몰아 최종적인 승리를 쟁취한다.

1945년 해방 후 1948년 수립된 대한민국이 1950년 6월 25일 새벽 북한군의 기습적 침략을 받아 한국전쟁이 발발했다. 철저한 사전 준비에 탱크 등 중화기로 무장한 북한군은 38선 돌파 후 파죽지세로 남하해 3일만인 6월 28일 서울을 점령한다.

국군은 편제가 와해되다시피 뿔뿔이 흩어져 후퇴했고, 한강 방어선도 제대로 구축되지 않아 북한군의 공격에 속수무책인 상황에 빠진다. 그러나 북한군은 남진을 멈추고 서울에서 3일간 머물렀고, 국군은 한강 방어선을 신속히 보강하고 응전해 미군이 참전할 수 있는 귀중한 시간을 확보했다.

3일간의 공격 중단에 대해선 '남한의 공산지하세력인 남로당의 봉기를 기다렸다. 춘천 방면의 북한군 공격 부대가 용인 근방으로 남하해 한강 방어선을 구축하는 국군을 포위하려고 했다. 북한군의 보급을 기다렸다.' 등의 다양한 견해가 있으나 정확한 원인은 알 수 없다.

결과적으로 북한 입장에선 전쟁을 종결지을 절호의 찬스를 날려버린 셈이었고, 대한민국으로선 반격할 수 있는 천금의 시간을 얻은 행운이었다. 이후 후퇴해 낙동강 방어선을 구축한 미군을 비롯한 유엔군과 국군은 필사적으로 북한군의 돌파를 막았다.

치열한 전투가 곳곳에서 벌어지는 가운데 대구 북방의 다부동에서 북한군 2만 명과 국군 1사단 8천 명 간에 격전이 벌어졌다. 다부동이 돌파되면 대구가 함락되고 낙동강 방어선이 무너지는 절체절명의 상황이었다.

8월 18일 북한군의 총공격으로 방어선이 뚫리고 아군이 후퇴하자, 최전선으로 달려간 백선엽 사단장이 직접 후퇴 병력을 막아섰다. "내가 물러서면 나를 쏘고, 너희들이 물러서면 내가 너희를 쏘겠다."라고 외치며 선두에 나서서 역습을 이끌었다.

전선을 안정시키고 방어선을 수습한 이후 기세가 급격히 떨어진 북한군의 공격에서 백 장군은 "적의 공세가 한계에 이르렀음을 느낄 수 있었다. 비록 당장의 압박은 거세더라도 늦여름의 더위처럼 뒷심이 빠진 공격이라는 걸 그간의 전투 지휘 경험으로 감지할 수 있었다. 전세 역전의 미세한 변화를 읽었다."라고 회고한다.

‖ 덩케르크 철수 작전의 경우 ‖

아돌프 히틀러의 나치 독일이 1939년 9월 폴란드를 침공하면서 제2차 세계대전이 발발했다. 8개월이 지난 1940년 5월 10일 프랑스를 침공한 독일군은 에리히 폰 만슈타인, 하인츠 구데리안, 에르빈 롬멜 등 후일 기동전의 대가들로 일컬어지는 유능한 장군들이 지휘하는 기갑 부대들이 프랑스 배후를 돌아 프랑스 주력 부대를 협공해 와해시키면서 프랑스-영국 연합군 30만 병력이 북부 해안의 덩케르크에서 포위되어 전멸의 위기에 몰렸다.

그러나 독일군 기갑 부대들이 덩케르크 근방 20km까지 진출한 5월 24일, 히틀러는 갑자기 '전진을 중단하고 현 전선을 유지하라.'라는 명령을 내렸다. 일선 지휘관들이 극심하게 반대했지만 명령은 3일간 유지되었고, 이 틈에 영국은 군함에 어선까지 동원한 해상 철수 작전을 실시해 대부분의 병력을 영국으로 탈출시켰다.

후일 영국 총리 처칠이 회고록에서 "5만 명 정도 구출해내면 다행인 절망적 상황에서 기적이라고밖에 말할 수 없다."라고 기술한 구사일생이었다. 당시 덩케르크에서 철수한 병력은 연합군이 1944년 6월 6일 프랑스 노르망디 해안에 상륙하는 지상군의 주축이 되었다.

결과적으로 나치 독일은 전쟁 초반 기세를 몰아 연합군 지상 병력을 궤멸시킬 수 있었던 절호의 찬스를 놓친 셈이 되었다. 히틀러의 갑작스러운 진격 중지 명령은 후일 제2차 세계대전 10대 미스터리 중 하나로 꼽히지만 정확한 이유는 밝혀지지 않았다.

어쨌거나 히틀러가 승기를 잡고도 마무리 짓지 못한 덩케르크의 오판은 결과적으로 연합군 측에 큰 행운으로 작용해 후일을 도모하는 기반이 되었다.

상대의 입장에서
자신을 볼 수 있다면

❀❀❀

상대방의 입장에서 생각하면 심리 상태를 쉽게 간파할 수 있다. 대규모 전투에서도 적군을 두려워하면 소극적이 된다. 일대일로 싸울 때도 마찬가지다. 상대방은 병법에 밝고 지략이 뛰어난 상대를 만나 두려움에 전전긍긍하고 있을지도 모른다. 상대방의 입장에서 심리를 정확히 파악하고 적절한 방법을 강구해야 승리한다.　　　　　　　　　　　　　　　　－『오륜서』 '불의 장'

무사는 마음속에 물레를 지녀야 한다. 어떤 상대를 만나든 상대방을 실이라고 생각하고 마음속 물레를 돌려보면 강점과 약점, 옳고 그름, 긴장감과 느슨함 등 상대방의 상태를 꿰뚫어볼 수 있다.　　　　　　　　－『병법 35개조』 '10조'

'역지사지(易地思之)', 자기 주장만 내세우지 말고 남의 입장에서 생각해 보라는 삶의 지혜를 전한 맹자의 교훈은 무사시가 가르치는 전술의 핵심이기도 하다.

중국 전국시대 책략가 손무는 『손자병법』에서 '지피지기 백전백승, 상대를 알고 나를 알면 승리한다.'라고 지적하면서 적군 정세의 관찰법인 상적(相敵)과 적군 정세의 판단법인 요적(料敵)을 세 가지로 구분했다. '외부 동태로 적군의 의도를 파악하고, 객관적인 환경 변화에 근거해 적군의 행동을 판단하며, 내부 동태로 적군이 처한 상황을 판단'하는 것이다.

무사시는 말한다. "두려움에 사로잡힌 상대방을 쓰러뜨리긴 쉽다. 그러므로 싸움을 할 때는 상대방의 입장이 되어 상대방의 심리 상태를 정확히 파악하고 그에 걸맞은 적절한 방법을 강구해 승리를 이끌어 내야 한다."

무사시의 관점에서 승부사에게 중요한 건 강함이 아니라 승리다. 승부의 세계는 강하다고 이기는 게 아니고 약하다고 지는 것도 아니다. 생사를 걸고 맞붙는 결투에서 '남의 떡이 커 보인다.'라는 속담처럼 상대방은 강점만 보이고 우리 편은 약점만 눈에 들어오기 쉽다. 하지만 사실 똑같은 입장이다. 강해 보이는 적도 약점이 있고 걱정이 있게 마련이다. 이런 상황에서 심리적으로 교만에 빠져 있거나 두려움에 휩싸여 있으면 이길 수 없다. 그래서 무사시는 항상 적의 입장에서 생각해 보라고 가르친다.

오십에 읽는 오륜서

‖ 네 차례에 걸친 중동전쟁의 교훈 ‖

이스라엘은 1948년 5월 건국 후 주변 아랍 국가들과 네 차례 전면 전을 벌였다. 특히 1967년 제3차 중동전쟁에서 아랍연맹을 향한 선제공격으로 6일 만에 승리하면서 본토 면적의 다섯 배 크기인 이집트 시나이 반도와 시리아 골란고원을 지배 권역에 편입해 무적 이스라엘 신화를 만들었다.

하지만 제1, 2, 3차 중동전쟁의 완승으로 교만해진 이스라엘은 1973년 제4차 중동전쟁 초반에 시나이 반도를 침공한 이집트군에게 대패하면서 국가 패망의 위기로까지 몰린다.

이집트군의 소련제 대공 미사일과 대전차 미사일에 이스라엘 전투기와 탱크가 대량으로 격파되면서 서부전선이 붕괴하기 시작했다. 이집트군과 동시에 동부전선으로 치고 들어온 시리아군은 시나이 반도에 집결시킨 1,200대의 대규모 탱크 부대로 공격을 시작했고, 이스라엘군은 불과 100여 대의 탱크로 방어에 나섰다. 절대 열세의 이스라엘군은 400여 대의 시리아 탱크를 격파하면서 분전했으나 역부족이었다. 그러나 이스라엘 방어 전력이 무너지려는 마지막 순간 시리아군이 퇴각하기 시작했다.

당시 이스라엘 탱크 부대장이었던 벤 갈 대령의 회고다. "상대방이 어떤 처지인지는 알 수 없습니다. 언제나 자기보다 나으려니 생각하게 마련이죠. 시리아인들은 성공의 기회가 사라졌다고 오인한 게 분명합니다. 그들은 우리가 절망적인 상황이라는 사실을 몰랐습니다."

전쟁 초기 서부 방면을 침공한 이집트군에게 대패했으나 시리아군의 오판으로 간신히 전세를 회복한 이스라엘은, 이집트를 향한 반격에도 성공하며 유리한 입장에서 이집트와 평화조약을 체결하고 전쟁을 종결한다. 그러나 패망 직전까지 몰렸던 이스라엘에선 골다 메이어 총리, 모셰 다얀 국방장관 등 정부 수뇌부가 퇴진하고 정권도 교체되었다.

이스라엘과 아랍 국가들과의 4차에 걸친 전쟁은 '과거의 승리에 취하면 위기를 맞는다', '자신의 능력을 상대방의 입장에서 보라.'라는 값진 교훈을 남겼다.

심리전으로
전략적 승리의 기회를 잡는다

❀ ❀ ❀

초조하게 하기, 포기하게 하기, 경악하게 하기 등 상대방을 동요시키는 방법에는 여러 가지가 있다. 특히 대규모 전투에선 적군을 동요시키는 작전을 자주 사용하는데, 적군이 미처 생각하지 못한 곳을 맹렬히 공격해 동요시킨 후 전세를 가다듬을 틈을 주지 않고 공격해 기선을 제압한다.　―『오륜서』 '불의 장'

싸움을 할 때는 절대로 위축되어선 안 된다. 당황하거나 두려워하지도 말며, 마음을 바르고 넓게 해 집착을 버리고 차분히 가라앉혀야 한다. 때로는 맑고 깊은 바다와 같이, 때로는 한 방울의 물과 같이 흐름에 따라 마음을 내맡길 수 있어야 한다.
　―『병법 35개조』 '8조'

상대방이 있는 모든 일은 일종의 게임 형식으로 진행된다. 사업이나 협상도 상대방 의도를 파악해 자신의 이익이 극대화되도록 상호작용을 반복하는 과정이다. 그러나 감정을 가진 사람의 속성상 항상 합리적이고 이성적 판단을 내리진 않는다. 합리적인 개인도 집단이 되면 군중심리에 매몰되어 비합리적으로 변할 수 있다.

탁월한 리더는 구성원의 심리를 적절하게 활용할 줄 알아야 한다. 특히 단순한 속성의 군중심리를 조율하고 에너지로 만들어 내는 능력이 조직을 이끄는 리더가 가진 역량의 핵심이다.

전쟁과 같은 위기 상황에선 대중의 심리도 더욱 불안정해진다. 구성원의 불안정한 심리는 리더에겐 양날의 검이다. 의도한 방향으로 분출시키면 긍정적 에너지를 발휘할 수 있지만, 반대로 가면 조직 전체를 붕괴시키는 도화선이 된다.

따라서 전장에 나선 리더는 아군의 심리를 안정시켜 전력을 극대화하고, 적군의 심리를 동요시켜 전력을 약화하는 심리전의 본질을 이해해야 한다.

전장의 심리전과 관련해선 초나라 귀족 출신 패왕(覇王) 항우와 한나라 건달 출신 유방이 중국 천하의 패권을 다툰 기원전 3세기의 '사면초가(四面楚歌)' 일화가 유명하다.

전쟁 초기에는 항우가 우세했으나 승세를 이어가지 못하고 점차 열세로 몰렸다. 항우는 한나라와 강화하고 동쪽으로 돌아가던 중 해하(垓下)에서 한나라 명장 한신에게 포위당한다. 한나라 책사

장량은 항복한 초나라 군사들에게 달밤에 고향 노래를 부르게 했고, 초나라 군대는 '사방에서 들려오는 옛 전우들의 고향 노래'를 들으며 향수에 젖어 들었다. 항우조차 자신의 운명이 다했음을 탄식할 정도로 사기가 땅에 떨어졌고, 이어지는 전투에서 패한 항우는 31세 나이에 자결한다.

‖ 전술적으로 실패했으나 전략적으로 성공하다 ‖

1960년대 베트남 전쟁은 미군이 초반에 군사적으로 승기를 잡았지만, 공산 월맹이 정치적 선전과 심리전에서 앞서면서 전세가 역전되었다.

과거 프랑스 식민지였던 월남에서 제2차 세계대전 후 프랑스 세력이 물러나자 남부 월남과 북부 월맹의 전쟁이 격화되었고, 공산화를 막고자 미군을 주축으로 하는 연합군이 투입되었다.

1965년 월맹군과 전투를 시작한 연합군 지상 병력은 화력과 기동력에서 압도하며 군사적 승리를 이어나갔다. 연합군 측에선 연속된 패배로 지리멸렬해진 월맹군을 신속히 제압하고 전쟁을 조기에 종결시킬 수 있으리라는 낙관적 전망이 형성되었다. 열세에 몰린 월맹군은 1968년 구정 공세를 전개하며 예상치 못한 심리전을 병행한다.

베트남 최대의 전통 명절인 구정을 앞둔 1967년 12월 30일, 월맹은 미국에 평화협상을 제안하고 전투를 중단했다. 일시적 휴전 상태에 돌입하자 민간인들이 귀성길에 나섰고, 미군이 수많은 통행인을 검문검색하는 건 불가능했다. 월맹은 그 허점을 파고들어 비밀 루트를 통해 북부 월맹의 병력과 무기를 남부 월남의 거점 지역으로 이동시켰다. 구정 새벽, 월맹군은 남부의 공산 게릴라 베트콩과 연합해 베트남 전역에서 미국 시설과 관공서 건물들을 대상으로 총공격을 개시했다.

한 달간 격렬한 전투가 벌어졌으나 미군의 효과적인 방어로 월맹군은 전술적으로 패했다. 월맹군 3만 5천 명 사망에 5,800명이 포로가 되었고 남부 지역에 구축한 공산계열 지하 조직도 구정 공세에 가담하면서 노출되어 와해 지경에 이르렀다.

그러나 미군은 전투에선 이겼지만 월맹이 노린 심리전에 말려들었다. 미국 본토에서 TV 화면으로 미국 대사관이 공격당하고 거리 곳곳에서 시가전이 벌어지는 등 참혹한 광경을 접한 미국인 시청자들은 경악했다. 또한 베트콩을 전면에 내세운 게릴라전 특성상 미군과 싸우는 사람들은 월맹 정규군이 아니라 베트남 국민이라는 이미지가 강하게 남으면서 전쟁 자체가 불합리하고 무의미하다는 인식이 생겨났다.

미군은 월맹의 공세에 효과적으로 대처하며 군사적 우위를 확고히 유지하고 있었으나, 구정 공세를 계기로 미국 유권자들 사이에서 반전 여론이 확산되며 전쟁 수행 의지가 급속히 약화되었다. 월맹 입장에서 구정 공세는 전술적 실패였지만, 당초 의도했던 심리전에서 승리하는 전략적 성공을 거뒀다.

이후 남베트남의 지하 조직인 베트콩을 내세운 게릴라전을 지속적으로 전개해 미국의 반전 분위기를 끌어올렸다. 이 사이에 월맹은 북베트남의 정규군 전력을 보존해 결정적 승리의 기회를 엿보다가 미군이 1973년 베트남에서 완전히 철군한 이후 총공세를 시작해 1975년 월남을 패망시킨다.

미군 대비 군사력에서 약체였던 월맹은 당면한 전쟁을 강자를 무력화시키는 정치적 선동의 심리전으로 접근해 전략적 승리의 기회를 잡았다.

프로이센의 전략가 클라우제비츠가 『전쟁론』에서 제시한 '전쟁은 다른 수단으로 이뤄지는 정치의 연속이다.'라는 통찰이 정확하게 맞아떨어지는 사례였다.

반드시
완전한 승리를 확보해야 한다

❀❀❀

겉으로는 이긴 것처럼 보여도 상대방에게 싸울 마음이 남아 있다면 아직 끝
난 게 아니다. 그러므로 상대의 기세를 완전히 꺾어 상대방이 결과에 깨끗이
승복하도록 해야 한다. 대규모 전투든 일대일 싸움이든 무기를 꺾고 상대방
의 몸과 마음도 완전히 꺾어야 비로소 승리를 확신할 수 있다.

－『오륜서』'불의 장'

칼싸움의 승부에서 어중간한 승리는 없다. 칼싸움 자체가 적을 베
든지 내가 베이든지 둘 중 하나이기 때문이다. 개인이든 집단이든
승리는 적의 전투 의지를 완전히 꺾어 다신 도전하지 못하게 하고

오십에 읽는 오륜서

화근을 뿌리째 뽑는 것이다.

서양에선 로마 공화정 말기 율리우스 카이사르와 그나이우스 폼페이우스 간에 벌어진 내전이 전형적인 사례다.

전승에 따르면, 로마는 기원전 753년에 초대왕 로물루스가 이탈리아 반도 중부에서 건국했다. 건국 초기에 왕과 귀족으로 이뤄진 원로원이 지배하는 체제로 출발한 도시국가는 점차 세력을 키워 기원전 1세기 카이사르 활동기에는 지중해 전역과 서유럽 전체를 지배하는 제국으로 발전했다.

그 과정에서 병사로 참전해 싸운 로마군의 주력이었던 평민들의 세력도 커지면서 원로원과의 갈등도 커졌다. 급기야 평민파의 카이사르는 기원전 49년 1월 루비콘강을 건너 로마로 진군해 원로원파를 축출하고 권력을 장악한다.

반대 세력인 원로원파의 수장 폼페이우스는 이탈리아를 떠나 근거지인 동방의 발칸 반도에서 권토중래를 도모했다. 카이사르는 잔존 반대 세력을 일소하기 위한 원정에 나섰고, 기원전 48년 그리스 중부의 디라키움에서 격렬한 공방전이 벌어졌다.

당대 군사적 천재들의 대결에서 카이사르는 병력의 열세와 지형적 불리함에 보급 문제까지 겹쳐 대패했다. 폼페이우스는 여세를 몰아 공격하면 완전하게 승리하는 절호의 기회였으나 충분한 전과를 거뒀다고 생각하고 전투를 중단했다.

일단 후퇴해 전력을 정비한 카이사르는 8월 파르살루스 평원에서 벌어진 회전에서 폼페이우스군의 주력을 격파했다. 승기를 잡은 카이사르는 폼페이우스와 달리 패배자가 재기할 여지를 남기지 않았다.

도주하던 폼페이우스는 내부의 배신자들에게 살해되었고, 반대파를 완전히 제거한 카이사르는 수명이 다한 로마 공화정의 정치 개혁에 본격적으로 착수했다.

비록 4년 후인 기원전 44년 3월 15일 원로원에서 암살되었으나, 카이사르가 남긴 정치·사회적 개혁의 비전은 충실한 후계자인 아우구스투스에게 계승되어 로마는 중흥기에 들어섰다.

‖ 후환을 남기면 반드시 후회한다 ‖

동양에선 중국 춘추시대 고사인 '와신상담(臥薪嘗膽)'이 대표적 일화다. 월왕 구천과 싸워 크게 패한 오왕 합려는 적의 화살에 목숨을 잃었다. 임종 때 합려는 태자인 부차에게 반드시 구천을 쳐 원수를 갚으라고 유명했다.

오왕이 된 부차는 부왕의 유명(遺命)을 잊지 않으려고 섶 위에서 잠을 자며 자기 방을 드나드는 신하들에겐 방문 앞에서 부왕의 유명을 외치게 했다. "부차야, 월왕 구천이 너의 아버지를 죽였다는 걸 잊어선 안 된다!"

오십에 읽는 오륜서

밤낮없이 복수를 맹세한 부차는 군대를 양성하며 때가 오기만을 기다렸다. 이 사실을 안 구천은 참모인 범려가 간언(諫言)했으나 듣지 않고 선제공격을 감행했다. 그러나 월나라 군사는 복수심에 불타는 오나라 군사에 대패해 회계산(會稽山)으로 도망갔다. 오나라 군사가 포위하자 진퇴양난에 빠진 구천은 범려의 헌책(獻策)에 따라 우선 오나라의 재상인 백비에게 많은 뇌물을 바치고 부차에게 신하가 되겠다며 항복을 청원했다.

이때 오나라의 중신 오자서가 후환을 남기지 않으려면 지금 구천을 쳐야 한다고 간언했으나 부차는 백비의 진언에 따라 구천의 청원을 받아들이고 귀국까지 허락했다. 구천은 오나라의 속령이 된 고국으로 돌아오자 항상 곁에다 쓸개를 놔두고 앉으나 서나 쓴맛을 맛보며 회계의 치욕을 상기했다. 그리고 부부가 함께 밭 갈고 길쌈하는 농군이 되어 은밀히 군사를 훈련하며 복수의 기회를 노렸다.

20년이 흐른 후 구천이 오나라를 공격해 부차를 굴복시키고 회계의 굴욕을 씻었다. 부차는 목숨을 살려주겠다는 구천의 호의를 사양하고 자결했다. 구천은 부차를 대신해 천하의 패자(覇者)가 되었다.

서양 르네상스 시대의 정치사상가 니콜로 마키아벨리는 『군주론』에서 인간 속성의 통찰을 제시한다. "인간들이란 다정하게 안아주거나 아니면 아주 짓밟아 뭉개버려야 한다. 인간이란 사소한 피해에 대해선 보복하려 들지만 엄청난 피해에 대해선 감히 복수할 엄두를 못 내기 때문이다.”

일단 승부가 벌어지면 완전한 승리를 확보해야 한다. 어중간한 봉합 조치는 후일의 화근이 되게 마련이다.

쥐의 세심함과 소의 대범함을 겸비하라

'서두우수(鼠頭牛首)'란 쥐가 가진 세심함과 소가 가진 대범함을 의미하는 말이다. 싸움에서 쥐의 세심함으로 상대방의 소소한 움직임도 놓치지 않도록 하되, 좀처럼 결말이 나지 않거나 절호의 기회가 오면 소의 대범함으로 과감히 상황을 쇄신하고 기회를 잡아 상대방을 제압해야 한다.

–『오륜서』 '불의 장'

철저한 준비와 치밀한 작전에도 전장은 격변하게 마련이다. 고대 그리스 마케도니아 출신으로 페르시아 제국을 정복한 알렉산드로스 대왕은 "전투는 격동이다. 따라서 전쟁터에선 모든 일이 격동적으로 이뤄져야 한다."라는 경험담을 남겼다. 중국 삼국시대 위나라 조조도 전략 전술에서 임기응변을 가장 중요시했다.

작전 없는 전투는 없지만, 작전대로 전개되는 전투도 없다. 따라서 장수는 세부적 사항까지 철저하게 준비해 출진하되, 유기체처럼 변화하는 전장 상황에 따라 대범한 사고로 국면을 전환하는 능력도 갖춰야 한다. 철저하게 준비하되 실전의 팽팽한 대치 상황에서 관점 변화로 승리의 기회를 잡는 접근은 사업에도 통용된다.

1959년 이나모리 가즈오는 교토세라믹(교세라)을 설립했다. 틈새시장을 겨냥한 세라믹 전자부품 판매는 일정 수준에 이르자 정체되기 시작했다. 이나모리는 신제품을 개발해 고객들에게 소개했지만 반응은 냉랭했다.

고심하던 젊은 사장은 당시 일본 시장에서 미국산 수입품의 인기가 높다는 점에 착안해 관점을 전환했다. 교토세라믹 제품을 미국에 판매한 다음 일본으로 들여오는 역발상이었다. 품질과 가격 경쟁력을 갖추면 승산이 있다고 판단해, 기존 관계를 중시하는 일본 기업과 달리 품질 좋고 가격만 적절하면 구매를 시작하는 철저한 실용주의의 미국 기업들을 공략하기 시작했다.

1년여 간의 문전박대 끝에 가까스로 텍사스에서 첫 계약을 체결한 이후 미국 대형 기업으로 판로가 확대되었다. 미국에서 확보한 인지도를 기반으로 일본 대기업들에 납품을 시작해 오늘날 글로벌 기업 교세라로 성장하는 발판을 마련했다.

‖ 사고 전환으로 새로운 가능성을 찾는 적응성 ‖

'100엔 숍'으로 유명한 다이소 창업자 야노 히로타케의 기본 정책은 '임기응변(臨機應變)'이다.

1970년대 초 야노는 히로시마 지역에서 트럭에 냄비 등을 싣고 다니며 파는 잡상인이었다. 날이 저물면 부인과 함께 수많은 제품에 일일이 가격표를 붙이는 게 중요한 일과였다. 둘째 아이가 태어나면서 부인은 더 이상 일을 거들 수 없었다. 야노는 고심 끝에 모든 상품의 가격을 100엔으로 통일했고 '100엔 숍' 다이소의 역사가 시작되었다. 1980년대 후반에는 이동형이 아닌 상설형 매장으로 형태를 바꿨고, 지금은 전 세계 6천 개에 육박하는 점포를 갖춘 세계적 유통기업으로 성장했다.

일본 다이소는 창사 이후 경영 목표나 계획을 세운 적이 없고 회의도 거의 없다. 야노 회장의 경영 철학은 "임기응변만이 살 길"이다. 그는 100엔 숍을 만들기 전에 아홉 번이나 실패를 해서인지 "회사는 언젠가 반드시 망한다."라고 믿는다. 그래서 직원들에게 "다이소 같은 기업은 3년 혹은 5년이면 망할 테니 그때까지 열심히 100엔짜리 물건을 팔자."라고 독려한다.

정형화된 전략이 아니라 상황에 따른 임기응변의 연속이 오늘날 다이소를 성장시킨 원동력으로 평가받는다. 그러나 엄밀히 말하면 전략이 없는 게 아니라, 전략적 유연성을 높이는 선택이었다.

다이소의 전략은 다음과 같다. '모든 물건은 100엔이다. 100엔이지만 쓸 만한 좋은 물건을 판매한다. 가격은 원가가 아니라 고객가치로 책정한다.' 다만 100엔의 균일한 상품을 대규모로 조달해 판매하는 사업 영역 자체가 경쟁이 치열한 데다 소비자 기호도 급변하기에 임기응변이 정형화된 전략보다 유효하다는 관점이다.

군대의 작전 계획, 기업의 전략 계획은 격변하는 현장에서 사소한 변화에 휘둘리지 않고 일관된 목표를 추진하게 하는 기본 방향이다. 그러나 사전 계획의 특성상 실제로 일어나는 모든 변화를 예상하진 못한다. 따라서 현장에서 사전 계획이 명백히 한계를 보이는 경우 기존 계획에 대한 집착을 버리고 사고를 전환해 새로운 가능성을 찾는 적응성이 필요하다.

오십에 읽는 오륜서

4부

흐름을 읽어 방향을 잡는 시간

바람은 흐름이다

병법의 기본은 변함없지만 시대 변화에 따라 흐름은 미세하게 변한다. 기본을 유지하며 다른 유파의 검법 흐름을 파악하고 세상의 변화를 따라가야 한다. 세상만사 다양한 분야에서 다양한 관점이 존재하듯 검도와 병법에서도 시대에 따른 조류와 유행이 생겨나고 응용과 양상은 항상 변한다. 따라서 병법에서도 최고 수준을 유지하려면 다른 유파 검법의 흐름을 파악하고 변화를 따라가며 부단히 배워야 한다.

시류의 변화를 따르는 데 있어 중요한 점은 본질과 겉모습, 변해야 할 것과 변하지 않아야 할 것을 구분하는 안목이다. 시간이 흘러도 변하지 않는 본질을 놓치고 변화의 물결에 휩쓸리면 생명력을 상실한다. 반면 시간이 흐르며 변해야 할 부분을 그대로 유지하면 시대에 뒤떨어진 화석이 된다.

검법에서도 무기, 기본 자세 등 각자의 특징이 있고 무사시는 자신의 검법이 실전에서 유용하다고 자부했지만 다른 유파의 장단점도 겸허히 인정했다. 하지만 본질을 놓치고 겉모습만 화려하게 포장해 대중의 인기를 얻는 부박한 유파는 철저히 배격했다.

내용이 형식을 규정하고 때로는 형식이 내용을 규정한다. 시대 변화에 따라 내용과 형식이 모두 변하면서 발전한다. 그러나 내용과 형식이 기반하고 있는 본질은 언제나 변함없다. 무사시의 관점에서 병법의 본질은 실전 상황에서 어떤 경우에도 승리하는 방법에 있고, 승부사의 본질은 기술을 연마하고 마음을 닦는 부단한 수련으로 실력을 쌓아 결정적인 순간에 승리하는 것이다.

승부의 본질을 이해하고 내면화해야 한다

❀❀❀

세상에는 실로 다양한 검술 유파가 존재한다. 오늘날에는 병법의 기교만을 내세워 겉모습만 그럴듯하게 꾸미고 사람들의 눈과 귀를 현혹시켜 이익을 얻으려는 유파들이 많다. 승리하는 병법의 도를 깨닫지 못한 나약한 자들이 만들어낸 헛된 망상에 불과하다. 소수의 병력으로 다수의 병력을 이기고, 어떤 무기로도 반드시 승리하는 병법의 지혜를 익히는 게 진정한 병법의 도다.

-『오륜서』'바람의 장'

하위의 병법은 다양한 자세와 검법 속에서 강인함과 신속함을 엿볼 수 있고, 중위의 병법은 기술이 세밀하고 박자가 잘 맞으며 화려한 품격을 느낄 수 있다. 상위의 병법은 강하지도 약하지도 않고 날카롭지도 위압적이지도 않으며 느리지도 빠르지도 않다. 화려하게 보이진 않지만 볼품없어 보이지도 않으며 크고 올곧고 고요하다.
　　　　　　　　　　　　　　　　　　　　　　　　-『병법 35개조』 '9조'

세상에는 다양한 분야에서 다양한 관점과 방식이 존재한다. 무사시의 관점에서 병법의 기본은 변함없지만 응용과 양상은 항상 변한다. 따라서 병법에서도 최고 수준을 유지하려면 다른 유파 검법의 흐름을 파악하고 변화를 따라가며 부단히 배우고 발전해야 한다고 본다.

　당시 검법에서도 무기의 차이, 기본 자세의 구분 등 각자의 특징이 있었다. 무사시는 자신이 실전 경험에서 확립한 장검과 단검 두 자루의 칼을 사용하는 니텐이치류가 다른 검법에 비해 실전에서 유용하다고 자부했지만 다른 유파의 장단점도 겸허히 인정했다. 하지만 겉모습만 번지르르하면서 본질을 놓치는 유파, 대중의 인기를 얻고 이익을 취하고자 실제 상황과 동떨어진 이야기를 하는 유파에 대해선 개탄을 금하지 못했다.

　무사시에게 검법은 승부에서 이기는 무사의 실전이지 남에게 보여주는 연예인의 공연이 아니었다. 사람을 현혹시키는 한때의 유행이나 실전에서 쓸모없는 화려한 동작이 아니라, 기술 연마와 함께 마음을 닦아야 하고 끊임없는 수련으로 실력을 쌓아 승리로 향하는 구도자의 본질을 추구했다.

또한 무사시는 장검만 절대시하는 유파를 두고 승부의 본질을 파악하지 못하고 변죽을 울린다고 비판했다. 긴 칼이 유리한 상황이 따로 있을 뿐인데, 긴 칼이 항상 유리하다고 가르치는 유파는 칼싸움의 일면만 보고 있다는 점에서였다.

칼은 도구에 불과하기에 칼의 길이에 집착하면 승부의 본질을 놓친다. 본질은 형식을 규정하지만 때때로 형식이 본질을 왜곡시키기에 긴 칼을 절대시하는 유파가 그런 함정에 빠졌다고 봤다. 무사시는 상황에 맞는 무기를 사용해 어떤 경우에도 이길 수 있는 방법을 찾는 게 올바른 병법이라는 입장이었다.

다양한 기교를 익히고 화려한 구경거리를 제공하지만 정작 실전에선 무력한 유파에 대해 무사시는 특히 목소리를 높여, 본질이 아니라 외양에 치중하는 연예인 집단이라고 강하게 비판했다. 이런 유파는 사람들의 주목을 쉽게 끌어 이익을 취하지만 검법의 본질과는 동떨어져 있기 때문이다.

기본을 익히고 응용을 통해 실전에 적용해 승리에 이를 수 있어야 진정한 검법이라는 무사시의 관점에서, 화려한 외양으로 포장된 유파는 부실한 기초 동작을 간단하게 가르치고 기교로 포장해 사람들을 현혹하는 사기에 불과했다.

‖ 현실에서의 승부도 진검승부 ‖

무사시가 비판하는 부류들이 등장하는 시대적 배경이 있다. 일본 전국시대 130여 년은 각지의 다이묘들이 천하패권을 두고 벌이는 전쟁이 일상이었다. 칼과 무력이 개인과 집단의 운명을 결정하는 시대로 실질강건(實質剛健), 현실을 중시하는 굳세고 강한 덕목이 지배했다.

전국시대 말기를 주도한 오다 노부나가, 도요토미 히데요시에 뒤이어 도쿠가와 이에야스가 세키가하라 전투에서 최종적으로 승리하면서 전국시대는 끝나고 도쿠가와 막부의 안정기로 접어든다. 소위 칼을 녹여 쟁기를 만드는 평화 시대로 바뀐 것이었다. 무사시도 1612년 30세의 나이로 결투를 중단하고 1640년까지 28년간 세상에서 사라진다.

도쿠가와 막부가 안정되고 실제 전투가 중단되면서 무사들의 칼은 장식품, 병법은 공연처럼 변한다. 생사의 절박함이 사라지고 안정되어 여유가 생기면 매사에 꾸밈이 많아지고 장식이 늘어난다. 병법에서도 실전성이 떨어지는 화려한 동작으로 대중의 인기를 모으는 유파들이 등장한다.

무사시는 병법의 기본인 실전성과는 거리가 있는 연예인 공연과 같은 유파에 부정적 입장을 취했다. 비록 상황은 변했지만 병법의 본질은 유지해야 한다는 입장이다.

무사시의 시대에 병법과 관련한 다양한 이론과 유파들이 있었 듯 오늘날에도 개인과 집단 차원에서 다양한 주장이 시류에 따라 유행한다. 각자 그럴듯한 이론과 화려한 수사로 포장해 관심을 끈 다. 시대에 따라 표면적 현상은 달라져도 변함없는 본질은 개인 차 원은 생존과 번식, 집단 차원은 생존과 확장이다. 이유를 막론하고 패배하면 동정은 받을지언정 인정받긴 어렵다.

칼싸움과 마찬가지로 현실에서의 경쟁도 진검승부다. 한 시대 를 대표했던 국가들도 경쟁에서 밀리면 흔적도 없이 사라지고, 글 로벌 일류라고 칭송받던 기업들이 쇠퇴하고 몰락하는 것도 한순 간이다.

높은 이상을 추구하는 개인이라도 기본적 생계를 해결하지 못 하면 정당성을 인정받기 어렵다. 국가가 아무리 숭고한 명분을 내 걸어도 국민을 굶겨 죽이고 외적의 침입으로부터 보호하지 못하 면 정치 권력으로서 낙제점이다. 기업이 거창한 명분을 내걸어도 고객에게 외면받아 시장에서 퇴출되면 무의미하다.

하지만 인간이 가진 허영심과 이중성 때문인지 각종 영역에서 소위 본질과는 거리가 있는 도덕군자들의 피상적인 '착하게 살자' 류의 주장은 공감을 얻는다. 반면 '이기고 살아남아야 한다'라는 불편한 진실은 오히려 비난받는 경우가 많다.

그러나 믿고 싶은 것과 믿어야 하는 건 다르다. '착하게 살자'는 막연히 믿고 싶은 것이고, '이기고 살아남아야 한다'는 분명한 현

오십에 읽는 오륜서

실이다. 백면서생들의 관념적 주장은 항상 그럴듯한 명분으로 달콤한 환상을 심어주지만 냉엄한 현실을 직시하기 어렵게 만들 뿐이다. 실전의 승부사는 무엇보다 승부의 세계의 본질을 분명히 이해하고 내면화해야 한다.

강함을 이기는
단호한 의지와 유연한 전술

❀ ❀ ❀

검을 세게 휘두르려 하면 몸의 균형이 무너져 자세가 흐트러진다. 자세가 흐트러지면 공격이 둔해지고 자칫 검이 부러져 위험해진다. 그러므로 검은 적당한 강도로 휘둘러야 한다. 대규모 전투에서도 강력한 군세로 밀어붙이면 상대도 강력하게 대응하므로 오히려 승패를 가르기 어렵다. 그러므로 싸움에서 승리하려면 강함의 집착을 버리고 지략을 발휘해 다양한 병법을 적절히 구사해야 한다.　　　　　　　　　　　　　　　　 -『오륜서』'바람의 장'

강한 칼이 좋다거나 약한 칼이 나쁘다고 말할 수 없다. 다만 적을 베는 칼이 있을 뿐이다. 강하게 휘둘러 적을 베면 좋은 칼이고, 약하게 휘둘러 적을 베도 좋은 칼이다. 세게만 나가면 오히려 약점이 되기 쉽다. 상대방이 세게 나오면 오히려 물러서고, 상대방이 물러서면 나아가 공격한다.

핀란드가 1939년 자국을 침공한 소련군을 상대한 '겨울전쟁'은 객관적 조건에서 절대적으로 불리한 약소국이 강대국과 전면전을 벌여 패전하지 않고 독립을 유지한 약소국 저항의 상징이다.

북유럽의 핀란드는 1155년 스웨덴에 정복되었고, 1809년부터는 러시아 제국의 영토로 편입되었다. 그러나 오랜 기간 언어와 문화를 보존하며 정체성을 유지하다가 1917년 러시아혁명 후 독립을 선언했고 제1차 세계대전 직후 혼란기인 1918년에 독립 국가를 수립했다. 공산주의 소련은 체제가 안정되자 예전 러시아 영토였던 핀란드의 병합 기회를 노리다가, 1939년 9월 1일 나치 독일이 폴란드를 침공하자 뒤이어 11월 30일 핀란드를 침략했다.

소련군은 25개 사단의 55만여 병력, 전차 2,500여 대, 야포 2천여 문, 항공기 500여 기의 대부대를 동원했고, 인구 350만 명의 신생 약소국 핀란드는 국가 존망의 결전에 나섰다. 그러나 총동원령을 내려 소집한 15만여 명 병사들에게 지급할 개인 화기도 부족했고 전차 30대, 항공기 100대에 불과해 객관적 전력에서 소련군의 상대가 되지 않았다.

대규모 공습을 신호로 지상 공격이 시작되자 기세등등한 소련군 지휘관들은 부하들에게 "너무 전진하다가 국경을 넘어 스웨덴까지 들어가는 실수는 하지 마라."는 농담 섞인 지시를 내릴 정도로 승리를 확신했다. 하지만 당시 소련군은 이오시프 스탈린의 피의 숙청으로 군대의 유능한 지휘관 대다수가 처형되거나 강제수용소로 끌려가며 지휘력 공백 상태에 있었다.

‖ 핀란드가 겨울전쟁에서 이긴 이유 ‖

핀란드는 과거 제정 러시아 군대의 장성급 지휘관 출신으로 소련군 전술에 밝고 실전 경험이 풍부한 72세의 칼 구스타프 에밀 만네르하임 장군을 총사령관으로 복귀시켰다. 핀란드는 아군의 강점을 활용하고 적의 약점을 공략하고자 홈그라운드의 지형지물 활용, 겨울 혹한기 전투 능력 확충의 전술로 대응했다.

침공 이후 1주일간 순조롭게 진격해 들어가던 소련군은 핀란드가 설정한 만네르하임 방어선의 라도가 호수 근방에서 핀란드군과 맞닥뜨렸다. 12월 6일부터 전투가 시작되었다. 협곡에 매설된 지뢰와 부비트랩이 폭발하며 종대로 전진하던 부대가 멈춰 섰고 밤이 되자 매복하고 있던 핀란드군의 야습이 시작되었다.

하얀 설상복으로 위장하고 스키를 신어 기동력을 높인 핀란드군은 길게 늘어선 소련군 부대 곳곳을 기습하고 신속히 탈출했다. 낮에는 능선에 매복한 저격병들이 협곡에 갇힌 소련군을 쉴새 없이 공격했다. 밤이 되면 영하 40도로 떨어지는 혹한에 얼어죽는 소련군 병사가 속출했으나, 핀란드군은 미리 확보한 안전한 거점에서 추위를 피했다.

약 한 달간의 전투에서 소련군은 사상자 1만 명이 발생하며 두 개 사단이 궤멸한 반면 핀란드군은 사상자 350명에 불과한 대승을 거뒀다. 탐색전이 끝나고 12월 14일부터 역사에 기록될 본게임이 시작되었다.

중부의 요충지 수오무살미에서 소련군 두 개 사단과 한 개 전차 여단으로 구성된 5만여 병력을 핀란드군 1만 명이 맞서 싸웠다. 중화기에 기갑 부대까지 편제된 대규모 소련군을 개인화기로 무장한 소규모 핀란드군이 야습과 탈출, 매복과 저격으로 끈질기게 물고 늘어지는 동안 무능한 소련군 지휘관들은 허둥대기만 했다. 이듬해 1월 8일까지 소련군은 5만 명 중 무려 3만 명이 사상하거나 포로로 잡히면서 붕괴했다.

예상 외로 참패한 소련은 2월 1일 야포 2,800여 문으로 무장한 90만여 병력을 재차 투입했다. 핀란드는 1차전에서 승리했으나, 상당한 전력 손실을 입은 상태에서 혹한의 이점이 사라지니 상황이 어려워졌다. 소련군 공세 재개 후 핀란드는 단시간에 전체 병력 절반가량의 사상자가 발생하는 개전 이후 최대의 피해를 입었다.

핀란드는 영국, 프랑스 등 우방국들이 외교적으로만 소련 침략을 비난할 뿐 실질적 지원은 없는 고립무원의 상태에서 전쟁을 지속하기 어렵다고 판단하고, 2월 12일 소련에 평화협상을 제안했다. 소련은 계속 밀어붙이면 이길 수 있었지만 전쟁을 지속하면 막대한 피해가 불가피하다고 예상하고 3월 13일 핀란드 영토 일부를 양도받는 선에서 전쟁을 종결했다.

결과적으로 핀란드군은 동원된 병력의 50%에 이르는 7만여 명의 사상자가 발생했지만, 소련군은 35만여 명의 사상자, 실종자, 포로가 발생하는 대패를 당했다. 핀란드는 병력, 장비의 절대 열세를 극복하고 1차전에서 군사적으로 승리했으나, 이어진 2차전까지 지속하기 어려워 영토를 양보하고 휴전했다.

약소국 핀란드는 단호한 의지와 유연한 전술로 소련군과 맞붙어 큰 희생을 치렀지만 독립을 유지할 수 있었다.

감각적으로 움직일 수 있는 숙달이 살길

❀❀❀

공을 잘 차는 사람은 공을 보지 않고도 다양한 기술을 구사해 공을 찰 수 있다. 곡예에 능한 사람은 보지 않고도 물건을 코에 얹거나 칼 여러 개를 자유자재로 휘두를 수 있다. 평소에 기술을 부지런히 연마해 시선을 한곳에 고정하지 않고도 대략적인 감각으로 사물의 위치를 파악할 수 있기 때문이다. 여러 상대를 만나 다양한 실전 경험을 쌓다 보면 저절로 상대방의 의중을 헤아릴 수 있게 되고, 상황을 정확하게 파악해 가장 적합한 병법을 구사할 수 있게 된다.

-『오륜서』'바람의 장'

곡예사들이 놀라운 묘기가 가능한 이유는 일반인과 다른 특수한 감각 기관 덕분이 아니라 꾸준한 훈련으로 필요한 감각을 발달시켜 사물의 움직임을 민감하게 느끼고 본능적으로 대처하기 때문이다. 머리로 배우는 건 잊지만 몸으로 체득하면 평생 지속된다.

자전거 타기가 대표적 사례다. 두 발 자전거 타기를 한 번 배우면 평생 잊어먹지 않는다. 신체 감각과 운동 기능만 정상을 유지하면 언제든지 다시 탈 수 있다.

병법에서도 평상시의 꾸준한 훈련에 여러 차례의 전투를 거치며 실전 경험을 쌓으면 전투 감각이 생긴다. 사소해 보이는 이상 징후를 감지하고 적의 동향과 의도를 알아차려 대처하는 전투 감각은 세심한 관찰력과 실전 경험으로 습득된다.

검법의 고수에게도 적의 자세와 무기, 동작보다 중요한 건 보이지 않는 적의 심리와 의도를 느끼는 감각이다. 현대 검도 고단자도 대련에서 상대방의 죽도가 아니라 눈을 본다. 상대방의 의도를 읽고 기세를 느끼기 위해서다.

‖ 실전에서 현장 감각을 길러라 ‖

서경석 장군은 1960년대 베트남 전쟁에 육군 맹호부대 소대장, 중대장으로 참전해 충무무공훈장 등을 수훈하고 후일 공수여단장,

17사단장, 6군단장을 역임했다. 초급 지휘관으로 거둔 탁월한 전공으로 참전용사들 사이에서 '근접 전투의 영웅'으로 존경받는다.

그가 실제 전투 경험을 집약해 1991년 펴낸 『전투 감각(Feel for Combat)』은 군문에 들어선 초급 장교들의 필독서로 꼽힌다. 미군 보병학교와 참모대학의 참고 교재로도 선정된 명저의 서문에서 전투 감각의 습득을 다루는 부분은 다음과 같다.

"전투는 죽느냐 사느냐, 목숨이 걸려있는 가장 큰 중대사여서 미리 시험해 보는 예행연습이 있을 수 없고 교육훈련을 통해 숙달한 대로 행동할 수밖에 없다. 그러나 교리는 교범에서 배우고 전술 전기는 훈련을 통해 체득할 수 있지만, 전투현장에 대한 감각만큼은 직접 체험해 보지 않고 익히기는 매우 어렵다고 본다."

"전투는 초급 간부에 의해 승패가 좌우되며, 전투는 감각과 느낌으로 해야 한다. 초급 간부는 전략가가 아니라 싸움꾼인 전사이기 때문이다. 그러나 전투 감각은 전투를 체험해 보지 않고선 체득할 수 없기 때문에 전투를 먼저 체험한 선배의 전투 사례를 자신의 경험으로 내면화시키고 승화시켰을 때 얻을 수 있는 것이다."

"조우전(遭遇戰), 순간적인 판단이 빨라야 한다. 그리고 먼저 쏴야 한다. 과감하게 덤벼들어야 한다. 피차 전투 준비가 안 된 상태에서 우연히 만난 것이므로 과감한 쪽이 승리하는 법이다. 우물쭈물 하면 호기를 상실한다. 군복 색깔, 군화, 철모, 배낭 등을 보고 직감으로 첫눈에 적인지 아군인지 구분해야 한다."

KTV 국민방송의 〈백년전우〉 인터뷰에선 다음과 같이 말했다. "전장에서 발생하는 사항들을 조치하는 능력은 스스로 터득해야 하지만 고생을 덜기 위해선 소대원끼리 서로 가르쳐줘야 해요. 난 값비싼 대가를 치르고 터득한 그들의 경험을 존중해줬고 이해하면서 병사들을 내 사람으로 만들었습니다."라고 회고하면서, 지휘관은 물론 조직원 전체가 평소에 많이 생각하고 훈련으로 숙달하면 실제 전투에서 부대 전체가 감각적으로 움직여 이길 수 있다는 지론을 펼친다.

"근접 전투하는 데는 왕도가 없어, 아주 감각적으로 움직일 수 있는 숙달이야. 『손자병법』에서 다산승(多算勝) 소산불승(少算不勝), 많이 계산하는 사람은 이기고 적게 계산하는 사람은 이길 수가 없다. 우리가 지금 전쟁을 하거나 기업에서도 워 게임 많이 하잖아요."

나아가 그는 생사를 넘나드는 치열한 전장에서 경험한 현장 지휘관의 리더십을 '동고동락(同苦同樂)'과 '솔선수범(率先垂範)'으로 압축한다.

"전장에서 병사들이 존경하는 사람은 맛있는 음식을 주고 멋있는 차림으로 찾아와 칭찬이나 늘어놓는 상급자가 아니다. 백 마디의 달변보다 고통과 아픔을 참고 버티며 죽음과 직면한 상황에서 솔선수범을 행동으로 보일 때 부하를 감동시키고 강한 전투력을 발휘한다."

깊이 생각하고
멀리 내다봐야 할 때

❀❀❀

빠른 게 능사가 아니라 상황에 맞는 속도가 중요하다. 많은 유파가 발을 빠르게 움직이라고 가르치지만 항상 좋은 것만은 아니다. 싸움을 할 때는 평소 길을 걷듯 자연스럽게 발걸음을 옮겨야 한다. 군사를 움직일 때도 마찬가지다. 적군의 허점이 보이면 조금의 틈도 주지 않고 신속하게 움직이되 대열이 무너지지 않도록 신중해야 한다. 또한 상대방이 빠르게 공격해 올 때는 오히려 느긋하게 대응해 상대방에게 끌려다니는 일이 없도록 주의해야 한다.

-『오륜서』'바람의 장'

오십에 읽는 오륜서

빠른 때를 알고 늦은 때를 알며, 피해야 하는 때와 피할 수 없는 때를 알아야 한다. '때를 아는 마음'이란 절호의 기회를 포착하는 통찰력을 의미하며, '직통(直通)의 마음'이라고 한다.

-『병법 35개조』 '35조'

칼싸움은 속도다. 적을 먼저 칼로 베면 이긴다. 높은 속도가 승리의 핵심이지만 눈에 보이는 속도에만 치중하는 건 잘못이다. 상황에 맞게 적절한 속도로 움직여 전력을 극대화해 결정적 순간에 승리하는 게 요체다.

무사시의 말대로 익숙한 사람은 서두르지 않고 느긋해 보이지만 일 처리는 신속하다. 불필요한 동작이 없고 정확한 순서로 진행하기 때문이다. 요란하고 번잡스럽다는 자체가 미숙함을 드러내는 것으로, 눈에 보이는 속도가 아니라 정제된 호흡이 중요하다.

로마는 조그만 촌락에서 출발해 600여 년의 축적 과정을 거쳐 글로벌 제국으로 성장했다. 그러나 확장된 외형에 부합하는 제도는 미비해 내부 갈등이 고조되며 기원전 120년부터 100년여 간 내전 상황이 계속된다. 평민파의 가이우스 마리우스와 원로원파의 루키우스 코르넬리우스 술라 간의 내전은 다음 세대인 평민파의 카이사르와 원로원파의 폼페이우스로 이어졌다.

최종적으로 카이사르가 승리해 기존 원로원 중심의 집단지도체제를 강력한 권한의 단일지도체제로 바꾸는 개혁을 추진했으나, 기원전 44년 3월 15일 56세에 원로원파에게 살해되었다. 사후

공개된 유언장에는 후계자로 친누나의 외손자인 10대 후반 옥타비아누스가 지정되어 있었다.

당시 카이사르 휘하의 장군으로 강력한 입지에 있던 안토니우스는 불만을 품고 옥타비아누스와 대립각을 세웠다. 정치적 초보인 옥타비아누스는 카이사르가 지명한 후계자라는 명분만으로 안토니우스와 대적하는 상황이었다.

하지만 불리한 상황에서 차근차근 입지를 넓혀 13년 후인 기원전 31년 악티움 해전에서 안토니우스에게 승리해 전권을 장악하고 제정 로마 시대를 개막한다.

‖ 요체는 속도와 타이밍이다 ‖

원로원은 최고 권력자인 옥타비아누스에게 '존엄한 사람'을 의미하는 '아우구스투스(Augustus)'의 칭호를 부여했다. 격정의 카이사르와는 상반되는 성향의 차분한 후계자 아우구스투스는 10대 후반부터 77세에 사망하기까지 카이사르의 구상을 착실히 추진해 로마 역사상 최고 번영기인 200여 년의 '팍스 로마나(Pax Romana)', 즉 '로마의 평화 시대'를 열었다.

탁월한 군사적·정치적 재능을 타고난 격동기의 위대한 기획자 카이사르를 이은 위대한 실행자 아우구스투스는 확장기가 지나

안정기에 들어선 로마 제국을 운영할 정교한 제도를 구축했다.

아우구스투스의 좌우명은 '천천히 서두른다(Festina Lente)'였다. 치밀한 체제 건축가로서 심모원려(深謀遠慮), 깊이 생각하고 멀리 내다보며 완급을 조절한 특성이 함축되어 있다. 그 자신 카이사르보다 군사적 재능과 외교적 역량이 부족하다고 인정했지만, 군사 부문의 마르쿠스 빕사니우스 아그리파와 정치외교 부문의 가이우스 클리니우스 마이케나스라는 유능한 조력자들로 보완했다.

정책의 기본은 사후에도 충실히 계승되어 로마는 명실상부한 보편 제국 번영의 시기로 들어섰다. 『로마인 이야기』의 저자 시오노 나나미는 "내가 보는 역사상 가장 이상적인 후계 구도는 예수에서 베드로, 카이사르에서 아우구스투스로 가는 것입니다. 성격상 상반되는 인물이 전임자의 혁명을 완수했습니다."라고 했다.

생물은 나름대로 존재하는 방식의 속도가 있다. 1분, 1시간, 1년 등 물리적 시간의 흐름은 동일하지만 하루살이, 개, 거북이, 사람이 수용하는 상대적 속도는 다르다. 하루살이의 일생이 사람에겐 순간이고, 개의 일생이 거북이에겐 일정 기간에 불과하다.

사람에게도 각자의 특성과 영역에 따라 속도감이 다르다. 같은 20대의 기간이라도 운동선수에겐 전성기지만 학자에겐 성장기다. 또한 운동선수도 전성기를 맞는 기간이 종목, 포지션, 컨디션에 따라 다양하게 나타난다.

결국 삶에서도 각자에게 적절한 속도를 유지하며 상황에 따라 완급을 조절하면서 꾸준히 나아가는 게 중요하다. 젊은 시절에는 의욕과 자신감이 넘쳐 빨리 달리려 하지만 중년에 들어서면 완급 조절의 지혜를 깨닫는다.

요체는 속도와 타이밍이다. 모든 면에서 뒤처지면 실패하지만 너무 앞서 나가도 실패한다. 무지한 초보 뱃사공은 무작정 열심히 노를 젓는 반면, 지혜롭고 경험이 풍부한 뱃사공은 밀물과 썰물의 지식을 기반으로 물이 들어온 타이밍에 노를 저어 적은 힘으로도 배가 적절한 속도로 앞으로 나아가게 한다. 즉 멀리 내다보고 변화를 읽어내며 상황과 여건에 맞는 적절한 속도의 유지가 요체다.

기초를 다지고
노력하고 축적하는 과정

❀❀❀

내가 직접 경험해 터득한 진리와 기술을 가르치기 때문에 기본과 비법의 구분이 따로 없다. 또한 정해진 자세도 없다. 그저 병법의 뜻을 세운 많은 사람이 바르고 올곧은 마음으로 병법의 도를 터득해 바른 병법의 길로 가길 진심으로 바랄 뿐이다.

　　　　　　　　　　　　　　　　　　　　 -『오륜서』 '바람의 장'

지금껏 다양한 실전 경험으로 터득하고 연마한 검법과 병법자의 마음가짐에 대해 간략하게나마 적어보고자 했다.

　　　　　　　　　　　　　　　　　　　　 -『병법 35개조』 '도입'

비법은 언제나 매력적이다. 기대한 결과를 단숨에 얻는 비밀스러운 방법은 영역을 막론하고 관심을 끌게 마련이다. 그래서 동서고금을 막론하고 다양한 스토리를 배경으로 하는 소위 비법들이 명멸하지만 대부분 실체가 없다.

일본 전국시대 말기인 17세기 무사시의 시대에도 사람들 사이에서 회자되는, 소위 전승되는 비법이 있었다. 현재의 신비주의 마케팅이 당시에도 존재했던 셈이다.

그러나 무사시는 비법은 없다고 단언한다. 그는 실전에서 얻은 경험에 기반해 칼싸움의 기본을 분명히 정리했고 이를 뛰어넘는 비법은 존재할 수 없다고 결론지었다.

병법의 도, 무사의 길에서 지름길은 없다. 기본을 다지고 꾸준히 노력해 한 걸음, 한 걸음 앞으로 나아가는 과정이다. 설혹 비법이 있더라도 비법에만 의존해선 편법이 되어 한계를 가진다. 따라서 기본에 충실히 응용력을 배양하는 게 병법의 도다.

이어서 무사시는 수련자의 기량에 맞춰 각기 다른 방법으로 가르치는 게 바람직하며, 사람마다 수련 상황이 다르기 때문이지 결코 전수하지 못할 묘수가 있는 게 아니라는 점을 분명히 했다. 다만 무사시는 자신의 병법에서 굳이 묘수라고 부를 수 있는 부분을 '공격 위주의 작전 원칙'으로 정리했다.

"병법을 배우고자 하는 사람의 기량을 파악하고 그에 맞춰 바르고 옳은 병법을 가르쳐 병법의 병폐를 없애고, 무사로서 진정한 병법의 도를 터득해 조금의 의혹도 없게 하는 것이야말로 오늘날 검술 유파들이 추구해야 하는 최종 목표다."

‖ 비법은 없으니 기본에 충실하라 ‖

학창 시절 "공부에는 왕도(王道)가 없다."라는 격언을 자주 접했다. 기원전 3세기 유클리드에게 기하학을 배우며 어려움을 겪던 이집트 프톨레마이오스 1세가 "기하학을 쉽게 배울 수 있는 방법이 없겠소."라고 질문하자 "길에는 왕께서 다니시는 왕도가 있지만, 기하학에는 왕도가 없습니다."라고 대답했다는 일화에서 유래했다.

본래 왕도는 기원전 6세기 메소포타미아를 통일한 페르시아 제국이 수도인 수사, 겨울궁전 바빌론, 여름궁전 에크바타나와 지중해 연안 사르데스의 4대 중심 도시를 연결하도록 건설한 2,400km의 길을 의미한다. 통상 3개월이 걸리는 거리를 왕도를 달리는 왕의 전령이 1주일 만에 주파한 고속도로였기에 이후 왕도는 지름길의 대명사가 되었다.

공부 잘하는 방법은 단순하다. 예습과 복습을 충실히 하면 자신의 재능 범위에선 최고의 성적을 받는다. 하지만 말처럼 쉽지 않기에 좀 더 쉬운 방법을 찾는다.

따라서 공부가 어렵게 마련인 학생 입장에서 왕도와 비법에 관심이 가는 건 자연스럽다. 그러나 예전이나 지금이나 왕도와 같은 지름길, 효과적인 학습법을 표방하는 참고서는 많지만 실체는 언제나 불분명하다.

공부란 기초를 다지고 꾸준히 노력해 지식을 축적하는 과정이다. 젊은 시절 타고난 재능으로 잠깐 두각을 나타낼 수는 있어도 세월이 흘러 대가로 인정받으려면 꾸준한 노력이 뒷받침되어야 한다. 그래서 "젊은 천재는 있어도 젊은 대가는 없다."라고 말한다.

미국의 링컨 대통령은 "한 사람을 영원히 속일 수 있고 여러 사람을 잠시 속일 수는 있지만, 여러 사람을 영원히 속일 수는 없다."라고 말했다. 비법은 실체가 없고, 편법은 오래 가지 못하며, 꼼수는 언젠가 더 큰 후유증과 역풍을 부른다.

삶에도 편법이 있고 정도가 있다. 지엽적 기법이나 왜곡된 편법을 동원하면 일시적으로 성공할 수 있어도 결국 실체가 드러난다. 인간 세상의 어떤 분야에서나 길게 보고 멀리 가려면 정도를 걷고 원칙을 지켜야 한다는 교훈은 올바른 삶을 살아가려는 모든 이가 명심해야 할 덕목이다.

기존 방식에 매몰되면
망하기 쉽다

❀❀❀

싸움을 할 때는 적극적으로 움직여 상대방이 예상하지 못한 곳을 공격하고 상대방이 당황하는 틈을 노려 재빨리 치고 들어가 승패를 결정지어야 한다. 니텐이치류가 '유구무구'의 가르침을 중요하게 생각하는 까닭이다.

－『오륜서』 '바람의 장'

싸움을 할 때는 똑같은 실수를 되풀이해선 안 된다. 부득이하게 두 번까진 허용하더라도 세 번, 네 번 실수를 되풀이할 수는 없다. 상대방에게 기술을 걸었으나 결과가 나빴다면 재빨리 다른 방법을 모색해야 한다. 이때 상대방이 산이라고 생각하면 바다로 대응하고, 상대방이 바다라고 생각하면 산으로 대응

하는 식으로 상황에 따라 상대방의 의표를 찌르는 다양한 전법을 구사해야
한다.　　　　　　　　　　　　　　　　　　　 -『오륜서』'불의 장'

군대에는 전장 상황별로 대처하는 방법을 담은 전투 교범(FM,
Field Manual)이 있다. 사전에 작전 계획을 수립해 실전에 임하지
만 실제 전투는 전투 교범과 작전 계획대로 진행되진 않는다.

　물론 전투 교범은 평상시 훈련으로 배양하는 기초 체력이고 작
전 계획은 주어진 환경에서 목표를 달성하기 위한 구체적 전술이
지만, 실제 전장은 예기치 않은 변수로 급변하게 마련이다. 또한
전장은 아군과 적군이 서로를 관찰하고 약점을 찾아 기만하며 승
리를 추구하는 격동의 공간이다.

　따라서 전장에선 자신의 의도를 숨기고 상대방을 기만하며 상
대방의 의도를 정확히 파악해 급소 타격으로 승리를 추구한다. '전
장에서 소리를 지르고, 거짓으로 공격하고, 예상 외의 행동으로 적
을 혼란에 빠뜨리는 방법'들이 모두 이런 맥락이다.

　이런 상황에서 과거 실수의 되풀이는 융통성 없이 아집을 부리
는 것이고 과거 성공 방식의 반복도 매너리즘에 빠져 있는 것이다.
전장에선 과거의 실수를 교훈 삼고 과거의 성공을 재해석해 항상
새로운 접근으로 적의 예상을 뛰어넘어야 한다.

‖ 했던 대로 하면 될 줄 알았다 ‖

'아프리카의 뿔'이라고 불리는 동부 해안의 소말리아는 1991년 내전이 발생하며 정치사회적 혼란에 빠졌다.

최악의 가뭄까지 겹쳐 30만 명이 굶어 죽는 상황에서 1992년 유엔의 평화유지군이 식량을 배급하고자 파견되었고 미군 해병대까지 가세했지만, 군벌 모하메드 파라 아이디드가 이끄는 강력한 무장세력 때문에 무정부 상태가 지속되었다.

미군은 1993년 10월 군벌의 주요 인물을 체포하고자 델타포스 등 최강의 특수부대를 투입해 수도 모가디슈의 본부를 급습했으나, 소총과 휴대용 로켓포로 무장한 민병대의 역공으로 수송용 헬기 두 대가 격추당하고 철수 과정에서 미군 열아홉 명이 전사했으며 헬기 조종사가 생포되었다. 미군 특수부대원의 시신이 군중에 의해 시가지를 끌려다니는 모습이 전 세계로 방영되었다.

베트남 전쟁 이후 단일 작전에서 가장 많은 미군이 전사한 최악의 작전 실패는 2001년 영화 〈블랙 호크 다운〉으로 만들어지기도 했다.

군사 전문가들은 첨단 무기로 무장한 최고의 특수부대가 개인화기로 무장한 민병대에 어이없이 참패한 가장 중요한 이유로 기존의 성공 방식 반복을 들었다. 헬기로 건물에 강습해 목표 인물들을 체포하는 작전은 30분이면 충분한 통상적 작전이었다.

주간 작전에 나선 특수부대원들은 야간 투시경은 물론 수통도 가득 채우지 않을 정도로 상황을 낙관했다. 반면 민병대는 그동안의 경험으로 미군 특수부대의 작전 패턴을 숙지하고, 예상되는 목표 건물 주변에 병력과 화기를 집결시켰다.

미군의 급습이 신속히 전파되며 건물 주위로 몰려든 민병대는 수십 발의 휴대용 로켓을 헬기에 집중발사해 두 대를 추락시켰다. 민병대원에게 완전히 포위된 건물 안에서 하룻밤을 버틴 특수부대원들이 전멸하지 않아 다행일 정도였다. 세계 최강의 특수부대조차 기존 방식을 반복하면 빈약한 개인화기로 무장한 민병대에게도 패배한다는 교훈을 남긴 전투였다.

과거 경험에 기초한 방식에 매몰되어 순식간에 패망한 국가의 사례로 제2차 세계대전 초기의 프랑스가 있다.

제1차 세계대전의 전선이 프랑스 영토에서 교착 상태의 참호전으로 전개되었던 뼈아픈 경험을 되풀이하지 않고자, 프랑스는 영구 참호 개념의 난공불락 마지노선을 독일의 예상 침공로인 남부 국경선을 따라 건설했다.

그러나 독일의 기갑부대는 1940년 5월 10일 마지노선을 우회해 북부의 울창한 아르덴느 숲을 돌파했다. 프랑스 주력을 포위해 궤멸시키는 기동전을 펼쳐 1개월 후인 6월 14일 파리를 함락시키고 6월 22일 프랑스의 항복을 받았다.

당시 프랑스-영국 연합군의 탱크는 3천 대인 반면 독일군은

2,400대로 수적으로 열세에다 질적으로도 뒤떨어졌다. 양측의 보병은 136개 사단으로 객관적 전력에서 호각세였다.

그러나 불과 1개월 만에 승패가 갈린 이유는 프랑스가 참호전이라는 제1차 세계대전의 기존 방식을 벗어나지 못한 반면 독일은 탱크, 장갑차에 항공기의 기동성을 결합한 '전격전(電擊戰, blitzkrieg)'이라는 새로운 전술 개념으로 허를 찔렀기 때문이었다.

쉬운 일로
어려운 일을 처리하는 법

⊗ ⊗ ⊗

경지에 도달한 사람은 동작이 지극히 자연스럽다. 파발꾼은 하루에 40~50리를 달려 소식을 전하는데, 그 요령을 터득하지 못한 사람은 하루 종일 쉬지 않고 달린다. 비단 파발꾼뿐만 아니다. 노래를 하는 사람이든 악기로 장단을 맞추는 사람이든 요령을 터득하지 못하면 조바심을 내기 마련이고, 그러다 보면 자신도 모르게 원래의 속도보다 빨라진다. 이와 달리 능숙한 사람은 느긋해 보여도 결코 느리지 않으며, 서두르지 않는 듯 보여도 행동이 민첩하다.

-『오륜서』'바람의 장'

싸움을 할 때는 상황에 따라 때로는 강하고 약하게, 때로는 느리고 빠르게 발을 움직여야 한다. 이때 되도록 평소처럼 자연스럽게 움직이는 게 중요하다.

－『병법 35개조』 '5조'

분야를 막론하고 초보자와 숙련자가 있다. 시작하는 단계에선 누구나 긴장하고 경직되게 마련이다. 처음에는 간단한 기본 동작을 익히기 위해서도 연습을 반복해야 한다. 점차 익숙해지면 불필요한 동작이 줄어들고 움직임이 간결해지면서 심리적으로도 여유를 가진다. 문자 그대로 '자연(自然)', 스스로 있는 그대로의 모습을 띠는 것이다.

무사시가 검술이 높은 경지에 도달하면 모든 동작이 느리지도 빠르지도 않게 자연스러워진다고 언급하는 부분이다. 검도를 연습해보면 체감된다. 수련 시간 초반의 몸풀기 단계에서 칼을 휘두르는 기본 동작을 반복한다.

초보자는 힘이 들어가 경직되어 있지만, 숙련자는 부드럽고 자연스러운 동작을 보여준다. 초보자는 머리와 몸이 따로 놀기에 긴장해야 정확하게 움직이지만, 숙련자는 머리와 몸이 같이 움직이기에 자연스럽다.

골프 입문 단계에서도 마찬가지다. 초보자의 스윙은 어깨와 팔에 힘이 잔뜩 들어가 있다. 온 힘을 다해 휘둘러도 공을 정확하게 맞추지 못하고 멀리 나가지도 않는다. 반면 숙련자는 힘을 빼고 부드럽게 채를 휘두르며 정확하게 맞추고 멀리 보낸다.

경직된 초보자와 부드러운 숙련자는 악기, 스포츠 등 동작과 결부된 모든 영역에서 공통적이다.

나아가 몸의 움직임뿐 아니라 사람을 다루고 조직을 이끄는 영역으로도 적용된다. 개인적 성향에 따른 차이는 있으나, 초보자는 대개 경직된 자세로 사람과 조직을 거칠게 다루는 반면 숙련된 경험자는 부드럽지만 분명하게 사람과 조직을 이끈다.

리더로서의 자질이 부족한 경우에는 시간이 지나도 경험으로 배우지 못해 경직되고 억압적 태도를 유지하며 결국에는 리더와 조직 모두 한계에 봉착한다. 조직을 이끄는 역할도 완급 조절이 필요한데, 넛지라는 개념은 사람들을 자연스럽게 이끈다는 측면에서 높은 경지의 접근법이다.

‖ 경제적 인센티브와 감성적 심리의 결합 ‖

1950년대 태동한 행동경제학은 인간 행동의 경제적 동기와 심리적 기제를 융합해 경제학의 새로운 지평을 열었고, 2017년 리처드 탈러 교수가 노벨경제학상을 수상하며 세간의 관심을 모았다.

베스트셀러 『넛지』로 일반인에게도 친숙한 그는 '자유주의적 개입주의'를 설파한다. 더 나은 선택을 유도하고자 금지와 명령이 아닌 팔꿈치로 옆구리를 툭 치는 듯한 부드러운 권유로 인간 행동을 변화시키는 방식이다.

행동경제학은 20세기 후반에 합리적 인간에게서 관찰되는 감성적이고 비합리적인 선택의 배경을 이론적으로 규명했지만, 실제 역사는 그보다 길다. 동서고금을 막론하고 인간의 행동이란 경제적 인센티브와 감성적 심리의 결합으로 표출되기 때문이다.

중국 춘추전국시대 남방의 후진국이었던 초나라는 기원전 7세기 장왕 대에 패권국으로 부상했다. 양쯔강 유역의 광대한 습지를 대규모 토목공사를 통해 농지로 전환해 경제적 기반을 확보하고 북방의 선진 문물을 받아들여 제도를 정비한 결과였다.

장왕을 도와 부국강병을 이룬 재상 손숙오는 유능하고 지혜로워 순리를 따르면서 백성들에게 규율을 강요하지 않는 정책으로 많은 일화를 남겼다. 당시 수레는 전쟁 시에 전차로 전환되는 전략물자였다. 전투에 적합하지 않은 낮은 수레의 유행을 우려한 장왕은 높이를 올리라는 명령을 내리려 했다.

그러자 손숙오가 건의했다. "영을 너무 자주 내리면 백성들이 무엇을 따라야 할지 모르니 안 될 일입니다. 왕께서 꼭 수레를 높이고 싶다면 마을 앞의 문지방을 높이시지요." 손숙오의 의견을 따르자 반년 만에 수레의 높이가 모두 올라갔다.

그는 사안의 본질을 이해했다. 오르내리기 편해 시중에서 선호하는 낮은 수레는 말에게 부담을 주고 야전에선 전차로 사용하기도 어렵다. 그런데 편함을 추구하는 인간의 본성을 왕의 명령만으로 변화시키긴 어렵다. 하여 강제로 수레를 높이려 하지 않고 마을 문지방을 높여 낮은 수레를 타고 다니기 불편하게 만든 것이다.

쉬운 일로 어려운 일을 처리한 소위 '넛지'다. 행동경제학의 '넛지'를 한의학에 비유하면, 겉으로는 평범해 보이지만 실제로는 급소에 해당하는 혈(穴)이다. 바람직한 변화를 위해 혈을 정확하고 부드럽게 자극해 합리적 선택으로 유도하는 접근이다. 백면서생이 책을 읽고 이해하는 단순한 기법이 아니라 생동하는 현장에서 실질적 경험을 쌓으며 체득하는 세상살이의 본질에 대한 통찰력에 기반한다.

오십에 읽는 오륜서

변화를 따르되
기본을 추구한다

❀ ❀ ❀

세상에는 다양한 검술을 개발해 사람들의 이목을 현혹시킴으로써 이익을 얻으려는 유파가 있다. 이들은 사람을 쓰러뜨리는 방법에는 여러 가지가 있다고 주장한다. 하지만 실제로 사람을 쓰러뜨리는 방법은 기껏해야 '찌르기', '찍기'와 그 응용 동작이 전부다. 이건 누구나 할 것 없이 똑같다. 다양한 기교를 익혀야만 승자가 되는 건 아니다. 검을 쥐는 방법과 몇 가지 기본 동작만 완벽하게 익히면 장소나 상황에 따라 얼마든지 싸움을 승리로 이끌 수 있다.

-『오륜서』 '바람의 장'

무사시는 실전 경험에 근거해 양손에 칼을 한 자루씩 들고 싸우는 편이 효과적이라고 생각했고, 소수가 다수를 상대할 때 장점이 많다고 봤다. 또한 두 자루 중에서도 기본 무기인 장검을 한 손으로 능숙하게 다룰 수 있는 능력을 중시했다.

다른 유파들처럼 두 손을 모아 장검을 들면 한 가지 무기만 사용해야 하지만 한 손에 장검을 들고 다른 손으로 단검이나 창 등의 무기를 사용하면 개인 전투력이 극대화된다는 입장을 취했다.

기본 무기인 장검 다치에 능숙한 사람을 병법자라고 부른 시대에 무사시는 병법의 기본인 다치에 통달하면 활·총·창 등 다른 무기도 이해할 수 있기에 무사는 다치를 잘 다룰 수 있어야 한다고 주장한다.

표면은 다양하지만 핵심은 공통적이다. 바둑에서 정석을 모르고 고수가 될 수 없듯 어떤 분야든 입문 단계에서 기초를 배운 다음 응용 단계로 넘어간다. 기초를 제대로 이해하지 않고 실전에 나서면 임기응변과 변칙에만 의존하는 하수에 머무르게 마련이다.

사람이 살아가는 환경은 변하지만 시간을 뛰어넘어 변하지 않는 기본이 있다. 석기시대의 돌멩이가 21세기에 스마트폰으로 바뀌었지만, 사람들이 가족을 이루고 사회를 구성해 관계를 형성하고 살아가는 기본은 변하지 않는다.

오십에 읽는 오륜서

‖ 흐름을 따르되 본질은 유지하라 ‖

2천여 년 전인 고대 그리스의 『플루타르크 영웅전』과 중국 춘추시
대의 『사기(史記)』에 나오는 인간과 세상의 진면목은 지금과 다른
게 없기에 수천 년 전의 고전들은 현재성을 유지하고 계속 읽힌다.
이렇듯 변화를 따라가되 변하지 않는 기본을 이해하고 추구하는
도(道)는 개인의 삶에서도 마찬가지다.

　삶에서 변하는 부분을 스타일, 불변의 부분을 본질로 구분하면
개념이 명확해진다. 시대에 따라 옷, 음식, 도구, 행동 방식 등의 외
면적 스타일은 유행을 타고 변천한다. 동시에 기본적인 도덕, 윤
리, 신뢰 등의 덕목은 변하지 않는다.

　시대에 따라 변해야 하는 스타일이 불변이면 과거의 화석이 되
어 '꼰대'가 된다. 반면 불변의 도덕, 윤리 등이 상황에 따라 변하
면 시류만 따라다니는 부평초가 된다. 개인적 덕목과 함께 세상의
변화, 즉 트렌드를 읽고 따라가는 부분도 마찬가지다. 변화의 와중
에도 변하지 않는 걸 읽어내며 변화에서 중요한 흐름을 읽어내는
통찰력이 중요하다.

　일본에서 유래된 "오동잎 하나 떨어져 천하에 가을을 알린다."
라는 증권시장 투자 격언이 있다. 미세한 변화에도 대세의 전환을
읽을 수 있어야 성공할 수 있다는 의미다. 1980년대 정보화 시대
가 본격적으로 전개되고 21세기 디지털 시대로 확장되면서 개인

들도 미래의 흐름을 읽고 따라가야 하는 필요성이 커져 미래학과 트렌드 분석에 대한 관심이 높아지고 있다.

미래학과 트렌드의 차이는 호흡의 차이다. 현대 고전이 된 앨빈 토플러의 『제3의 물결』로 상징되는 미래학은 정보 혁명 등 세계적 흐름을 예측하는 거대 담론이다. 세계사적인 흐름을 읽고 문명사적인 변화를 읽어내는 힘이 있다.

트렌드는 대략 10년 정도의 기간을 두고 사회를 관통할 흐름을 말한다. 트렌드 분석은 미래학이라는 거대 담론과 일시적인 유행 사이를 이어주면서, 구체적인 개인의 삶과 기업의 비즈니스를 연결한다.

유행은 잠깐씩 나타났다가 사라지지만 트렌드는 깊은 산속에서 시작한 작은 물줄기가 계속 이어지며 나중에는 큰 흐름이 되는 것처럼, 미약한 모습으로 출현하지만 계속 확대되면서 큰 흐름을 형성하는 걸 뜻한다.

병법에서도 원류를 이해하면 지류를 통달해 승자가 될 수 있듯 오늘날의 삶에서도 변화의 흐름을 읽으면서도 중심을 잡고 변하지 않는 본질을 추구하는 게 중요하다.

오십에 읽는 오륜서

5부

세상의 도리를 따르려면

하늘은 근본이다

도의 경지는 무한하다. 병법은 시작과 끝을 알 수 없고, 하늘과 같이 안과 바깥의 구분이 없다. 따라서 병법의 도를 터득한 후에는 오히려 얽매이지 말고 항상 새로운 경지를 추구해야 한다. 인간의 편협함을 자각하고 마음을 꾸준히 올곧게 연마하고 터득해야 지혜와 진리가 있는 하늘의 경지에 오를 수 있다.

땅이 기초라면 하늘은 근본이다. 땅에서 흐르는 물, 타는 불, 부는 바람의 이치를 모두 터득하면 궁극적으로 하늘의 무한한 도를 추구함이 병법과 무사의 길이다.

서양 기사도의 사상적 배경이 기독교라면 일본 무사도의 사상적 배경은 불교다. 기사도와 무사도의 범위가 전투의 기술과 전장의 유불리를 다루는 전술에 국한되었다면 시대 변화와 함께 사라졌을 것이다. 그러나

서양에서 봉건제도와 기사는 사라졌지만 기독교에 기반한 기사도 정신은 살아있듯, 일본에서 막부 시대와 무사는 사라졌지만 불교와 관련이 깊은 무사도 정신은 일본 정신세계의 근간을 이룬다.

무사시는 모든 대결을 마음과 영혼의 대결로 이해하고 만년에 선종(禪宗) 수련을 통해 '몸과 마음이 모두 움직이지 않는다(身心皆不動).'라는 검선합일(劍禪合一)의 경지를 추구했다. 현실의 칼싸움을 추상의 마음 수련으로 승화시킨 무사시의 사상은 무사도의 근간이 되었다.

검도의 달인 야규 타지마노카미 무네노리는 3대 쇼군 도쿠가와 이에미츠에게 검도의 심오한 뜻을 전수한 뒤 "더 이상 가르칠 게 없으니 이제부터 선(禪)을 배우라."고 마무리했다는 전승이 내려오고 있다.

멀고도 가깝게
넓고도 세밀하게

❀❀❀

진정한 무사가 되려면 병법을 정확히 이해하고 부지런히 연마해 충분한 자질과 소양을 갖춰야 한다. 또 어떤 경우에도 평정심을 유지해야 하며, 아침저녁으로 수련에 힘써야 한다. 때로는 마음을 크고 넓게 가지고, 때로는 하나에 집중할 줄 알아야 한다. 넓고 멀리 봐야 할 때와 가깝고 세밀하게 봐야 할 때를 구분해 시야를 단련하고, 조금의 흐트러짐도 없는 공명한 상태가 진정한 '하늘의 경지'임을 깨닫고 그 경지에 도달하고자 노력해야 한다.

-『오륜서』 '하늘의 장'

『오륜서』는 하늘의 장으로 마무리된다. 하늘의 세계는 지혜와 진리의 세계다. 지혜와 진리는 시작도 없고 끝도 없다. 모든 걸 품으며 세세함을 갖추고 넓으면서 좁고 멀면서 가깝다. 이 세계에 이르기 위해선 몸과 마음을 바르게 하고 부지런히 연마해야 한다.

하늘은 무한한 가능성과 영원불멸을 상징한다. 불교의 관점이 짙은 이 대목은 인간이 수련으로 깨달음을 얻어 부처가 될 수 있는 것처럼, 무사의 삶이란 수련으로 병법의 도를 깨달아 하늘의 경지에 도달하는 여정이라고 규정한다. 무사시가 평생을 추구한 검도의 지향점은 하늘이었다.

현대인도 삶에서 종교, 고전, 가치, 이념 등 나름대로의 지향점을 가진다. 그리고 이를 밤하늘의 북극성처럼 기준점으로 삼는다. 때로는 부모님, 스승, 친지 등이 멘토 역할을 한다.

건전한 신앙을 가진 사람은 분명한 가치관에 따라 삶의 중심이 확립되어 있다. 또한 항시 종교적 가치의 근본으로 돌아가 자신을 비춰 보기 때문에 세상을 경박하게 대하지 않고 일관된 신념을 유지한다. 종교적 경전은 굳이 신앙의 차원이 아니더라도 고전의 반열에 드는 저작들처럼 인생의 지침서로도 훌륭하다.

삼성그룹 창업주 이병철 회장은 평생 삶의 지표로『논어』를 삼았다. "나라는 인간을 형성하는 데 가장 큰 영향을 미친 책은 바로 논어다. 나의 생각이나 생활이 논어의 세계에서 벗어나지 못한다고 해도 오히려 만족한다. (중략) 내가 관심을 갖는 건 경영의 기술보다 그 저류에 흐르는 기본적인 생각, 인간의 마음가짐에 관한 것이다."라고 만년에 출간한 자서전에서 밝혔다.

어린 시절 서당에서 한문을 배우고, 청년기 일본 유학으로 근대문물을 접하며 정립한 세계관, 인간관, 기업관의 중심에 『논어』가 있었다. 평생의 신념이었던 '사업보국(事業報國)'에 개인윤리와 사업윤리, 사회윤리가 응축되어 있다.

‖ 글로벌 리더의 경영철학 ‖

일본 소프트뱅크를 창업한 손정의 회장은 글로벌 정보 혁명의 아이콘이다. 1957년생인 그는 1955년생인 빌 게이츠, 스티브 잡스와 함께 20세기 후반 정보기술(IT) 산업 성장의 주역이었다.

소프트뱅크는 2014년 NTT, 도요타에 이어 일본 기업 역사상 세 번째로 영업이익 1조 엔을 넘어섰다. 창업 후 33년 만에 거둔 성취는 손정의가 20대 초반 일찍이 확립한 세계관과 인생관, 전략 전술과 리더십의 산물이다.

그는 벤처 기업가로 도약하던 시절 예기치 않게 닥친 병마와 싸우며 절망과 고통의 병상에서 오다 노부나가, 사카모토 료마 등 일본의 역사적 영웅들의 삶과 중국의 『손자병법』에서 용기와 지혜를 얻어 자신의 관점을 '25문자'로 압축했다.

오십에 읽는 오륜서

『손자병법』 저자와 자신의 성씨가 같은 손(孫)이라는 점에서 착안해 '손의 제곱법칙'으로 이름 지은 25문자는 이후 그가 인생 계획을 세우고 미래를 바라보는 전략적 관점에서 사업을 이끌고 사람을 대하며 조직운영 시스템을 구성하는 기본 프레임이 되었다.

『손자병법』의 핵심 내용 14문자와 손정의가 창작한 11문자를 합친 25문자인 '손의 제곱법칙'의 도입은 「시계」 '도천지장법(道天地將法)'이다. 뜻을 세우고 천시를 얻고 지리를 얻은 후 우수한 부하를 모으고 지속적으로 승리하는 시스템을 구축한다.

다음은 손정의가 창작한 10문자다. '정정략칠투(頂情略七鬪)'. 비전을 선명하게 그리고 정보를 최대한 모으며 죽을힘을 다해 전략을 궁리하고 승산이 있는지 파악해 70% 이상의 승산이 있다면 과감하게 싸운다. '일류공수군(一流攻守群)'은 손정의 경영관의 정수다. 철저히 1등에 집중하고 시대의 흐름을 재빨리 읽고 행동하며 다양한 공격력을 단련하고 온갖 리스크에 대비해 수비력을 갖춘 뒤 단독이 아닌 집단으로 싸운다는 의미다.

손의 제곱법칙은 시계 5문자 '지신인용엄(智信仁勇嚴)'과 군쟁 4문자 '풍림화산(風林火山)'에 이어 마지막으로 손정의가 창작한 '해(海)'로 마무리한다. 해는 패한 상대를 포용한다는 의미다.

'싸움이 끝난 뒤에는 평정이라는 작업이 남아 있다. 넓고 깊은 바다가 모든 걸 집어삼키고 평정할 때 비로소 싸움이 완결되는 것이다. 최종적으로는 질서를 가져오고 공격한 나라 또는 시장을 치유하는 과정까지 끌고 가야 한다.'라는 뜻으로 풀이한다.

　1981년 창업 이후 컴퓨터, 인터넷, 스마트폰, 전자상거래, 공유 경제로 진화하고 확장하는 IT 산업의 주요 변화를 주도적으로 이끌어온 최첨단 분야 글로벌 리더의 경영철학이 2,500년 전 손자, 500년 전 오다 노부나가 병법의 기본 개념에서 출발했고 현실에 적용되는 실질적 원칙이라는 점이 인상적이다. 옛것을 익히고 그것을 미뤄 새것을 안다는 '온고지신(溫故知新)'이 단순한 격언이 아니라 살아 있는 교훈임을 깨닫게 한다.

오십에 읽는 오륜서

```
┌─────────────────────────────┐
│                             │
│    올곧은 마음으로 낮춰      │
│      높이 오른다            │
│                             │
└─────────────────────────────┘
```

올곧은 마음으로 낮춰 높이 오른다

❀ ❀ ❀

많은 이가 자신이 올바른 길로 가고 있다고 굳게 믿고 있다. 그런데 의외로 많은 이가 편협하고 왜곡된 시선에 사로잡혀 바른길을 보지 못하고, 잘못된 길로 발을 들여놓았다가 끝내 빠져나오지 못해 자멸해버린다. 이런 불상사를 피하기 위해선 인간의 편협함을 자각하고 마음을 바르고 올곧게 해서 병법을 부지런히 연마하고 터득해야 한다. 그리고 마음을 바르고 투명하게 또 대범하게 쓸 줄 알아야 한다. 그래야만 진정한 '하늘의 경지'에 오를 수 있다.

−『오륜서』'하늘의 장'

배가 아무리 커도 바다를 덮을 수는 없다. 최고의 능력자도 인간인 이상 전지전능하지 않다. 육체적·정신적 한계가 있는 인간은 수명도 제한되어 있다. 그러나 인간은 주어진 시간 범위에서 앞선 세대의 유산을 물려받고 개인적 노력으로 발전시켜 다음 세대로 물려주고 떠날 수는 있다.

이런 과정에서 올바른 가치 체계는 지향점이 되고 겸손한 자세는 타인과 연대하고 협력해 역량을 확장하는 역할을 한다. 올바른 자세로 노력하고 자신을 낮추는 겸손은 자칫 빠지기 쉬운 편협의 함정을 피하고 높은 성취를 이루는 기반이 된다.

사농공상(士農工商)의 전통이 강한 일본에서 파나소닉의 창업자인 상인(商人) 마쓰시타 고노스케는 '경영의 신'으로 추앙받는다. 초등학교 4학년을 중퇴하고 점원 생활을 시작한 마쓰시타는 1917년 22세에 '마쓰시타 전기제작소'를 설립한다. 초라하게 시작한 사업이었지만 연결 플러그, 자전거 램프 제조에 성공하면서 번창했다.

그러던 1932년 5월 5일 마쓰시타는 사업가로서 자신의 사명을 '가난을 극복하고 물자를 풍족하게 생산해 사람들이 수돗물처럼 마음껏 쓰게 한다.'로 삼고, 향후 250년을 사명 달성 기간으로 정해 1기인 25년을 자신이 책임진다고 할 만큼 긴 호흡으로 기업을 경영했다.

제2차 세계대전 패전 후 본격적으로 해외 진출을 전개해 일본이 개방 경제 체제에서 경쟁력을 확보하는 데 큰 역할을 한다.

소년 시절, 배움이 적어 야학에서 가르치는 초보적 수학조차 이해할 수 없었던 마쓰시타가 무일푼으로 시작해 글로벌 기업을 일으킨 건 제품이나 기술이 아니라 신의 경지에 이른 뛰어난 경영 덕분이었다. 인간을 이해하고 조직을 다룰 줄 알았던 그는 경영을 논리와 기법이 아니라 사상과 예술의 영역으로 승화시켰던 구도자였다. 그러나 역설적으로 마쓰시타는 자신을 끝없이 낮춤으로써 높은 경지에 올랐다.

> "나는 배운 것도 적고 재능도 없는 평범한 사람이다. 그런데 사람들은 내가 경영을 잘한다거나 인재를 잘 활용한다고 평가한다. 나는 결코 그렇게 생각하지 않지만 한 가지 짚이는 점이 있다. 내 눈에는 모든 직원이 나보다 위대한 사람으로 느껴진다. 겉으로는 직원들을 꾸짖을 때가 많았지만 속으로는 늘 상대방이 나보다 위대한 사람이라고 생각했다."

> "경영은 끝임없는 창의적 연구로 무(無)에서 유(有)를 창조하는 것이다. 나는 경영이란 본래 그 가치가 매우 높은 예술적 행동이라고 생각한다. 따라서 경영자는 종합예술가라 할 수 있다."

‖ 올곧은 마음으로 자신을 낮춰라 ‖

중국 근대사에서 거상(巨商)으로 칭송받는 호설암은 "큰 상인의 도리는 곧 인간의 도리"라는 말을 남겼다. 즉 남을 속이지 않고 왜곡된 길을 걷지 않으며 원칙을 지키는 사업가의 길을 표현했다.

역사적으로 위대한 성취를 이룬 사람들은 일정한 결핍을 가졌던 경우가 많다. 자신의 부족함을 인정하고 보완하는 노력의 과정에서 역량을 확장하고 성취를 이룬다.

또한 내면적 자부심에 기반한 겸손한 태도가 공통적이다. 겸손이란 자신의 입장에서 더욱 낮추는 태도다. 따라서 자신을 낮추는 겸손은 강한 자의 선택이고 약한 자는 겸손할 수 없기에 겸손하려면 일정한 역량을 갖춰야 한다.

『오륜서』의 핵심은 현실 경험에 기반한 자신감과 평정심이 승리의 원동력이라는 경험적 교훈이다. 승부의 중심은 몸이 아니라 마음임을 강조하는 무사시는 무기를 다루는 기술을 외공으로, 강인한 정신력을 내공으로 규정한다.

내공을 높이기 위해선 편협함을 경계하고 올곧은 마음으로 자세를 낮춰 부지런히 노력하고 터득해 궁극적으로 하늘의 경지에 오를 걸 조언한다. 인간의 삶은 유한하지만 꾸준히 노력하면 이를 수 있는 경지다.

삶의 근원인
하늘의 덕목을 명심하라

❀ ❀ ❀

하늘은 뚜렷한 형체가 없고 끝도 시작도 알 수 없다. 흔히 사람들은 헤아릴 수 없는 경지를 일컬어 하늘의 경지라고 한다. 하지만 잘못된 해석이다. 미혹하고 혼란한 상태와 하늘의 경지를 혼돈해선 안 된다.　　－『오륜서』 '하늘의 장'

만리일공(萬里一空), 세상의 모든 이치는 하늘에서 비롯되어 하늘로 귀착된다. 바른 마음으로 열심히 수련해 병법을 구사하는 데 있어 조금의 흐트러짐도 없이 공명한 하늘의 경지에 도달한 사람은 반드시 승리한다.

－『병법 35개조』 '마무리'

무사시가 삶의 마지막 순간에 평생의 수련과 실전 경험을 집약해 남긴 『오륜서』의 마지막 대목 '백조의 노래'는 후학들이 지혜와 진리를 추구해 하늘의 경지에 도달하길 기원하며 마무리된다.

"하늘의 경지에는 지혜와 진리가 있다. 그곳에는 선(善)은 있으되 악(惡)은 없다. 부디 몸과 마음을 바르게 하고 도를 부지런히 연마해 여러분 모두가 하늘의 경지에 도달하길 진심으로 기원한다."

무사시는 30세 초반까지의 활동기에 칼싸움의 달인이었다. 이후 잠적기를 거쳐 60세를 앞둔 연배에 다시 세상에 나와 집필한 『오륜서』에는 '병법의 도'를 추구하는 도인의 경지가 보인다. 하늘의 장은 높은 경지의 도(道)를 지향하는 철학자 무사시의 관점이 압축되어 있다. 그런 측면은 검도를 연마하는 다른 고수들도 공통적이다.

‖ 하늘에서 비롯되어 하늘로 귀착된다 ‖

무사시와 동시대인으로 도쿠가와 막부의 병법 사범이자 다이묘의 지위에 올랐던 검술 명인 야규 무네노리는 일본의 대표 병법서로 손꼽히는 『병법가전서(兵法家傳書)』를 남겼다. 서문에서 병법은 올바로 사용하면 사람을 죽이는 게 아니라 많은 사람을 살린다는 의미에서 활인검(活人劍)으로 명명했다.

"사람이 무기를 들고 전쟁하는 건 상서롭지 못하며 사람을 살리고자 하는 하늘의 도에도 어긋난다. 그러나 부득이하게 전쟁을 해야 한다면 또한 하늘의 뜻이다."

"병법이 살인을 위한 무기라고 생각하는 사람들이 종종 있으나, 일종의 편견이다. 병법을 잘 활용하면 소수 악의 세력을 소탕하고 다수의 사람을 더 잘 살게 할 수도 있다."

대한검도회 교사(敎士)인 검도 8단 이종원 교수는 『검도는 평생 친구』에서 수련하는 태도를 다음과 같이 썼다.

"검도를 해보면 무결점의 올바른 검도를 한다는 건 거의 불가능한 일이라는 걸 알게 된다. 해도 해도 끝이 없다. 하나 고치면 또 하나 나오고, 이제 기본을 어느 정도 알겠다 싶으면 강한 상대를 만나 무너지고, 또 일으켜 세우고 그러다 보니 이제 육순(六旬)이 되었다."

"검도는 죽도를 들고 서서 하는 운동선(運動禪)이다. 종교수행자들이 앉아서 선을 한다면 우리는 상대와 호흡을 맞춰 움직이면서 선을 하는 셈이다."

검도는 물론 각자 자신의 영역에서 꾸준히 노력하고 낮은 자세로 배우면서 정진하는 삶의 과정이 그 자체로 수행이다.

'음수사원(飮水思源)', 물을 마시며 근원을 생각하고 감사한다는 의미다. 무사시의 표현을 빌려 "오늘의 일상에서 흐르는 물을 마시고 수련하며 변하지 않는 물의 원천과 같은 삶의 근원인 하늘의 덕목을 명심한다."라고 해석해본다.

무사시의 시대와 현재의 우리는 400여 년의 시간적 간극이 있다. 공간도 다르고 경험도 상이하다. 하지만 목표를 세우고 노력하며 어려움을 극복하고 성취해 나가는 삶의 과정은 동일하다. 이런 점에서 『오륜서』는 시공간을 뛰어넘어 현재적 의미를 가진다.

자신감과 평정심으로
올곧게 나아가라

평범한 개인일지라도 나이가 들어 성인이 되고 세상을 살아가면 크고 작은 굴곡을 겪으며 끊임없는 도전과 승부에 직면한다.

누구에게나 인생살이가 쉽지 않은 이유는 때때로 자기 의사와 무관하게 시시각각 변하는 상황에서 최선을 다해 의사결정을 하고 결과를 감수해야 하는 운명이 주어지기 때문이다.

치열한 삶의 현장에서 잠시 숨을 돌리는 힐링의 시간도 이런 삶 자체를 바꾸진 못한다.

그래서 나이가 들어가고 세상 경험이 쌓여갈수록 크고 작은 승부가 연속되는 삶의 본질을 이해하고 받아들이되 자신의 가치관을 정립해 흔들리지 않고 중심을 잡는 마음의 평정심이 중요하다는 걸 깨닫는다.

『오륜서』는 이 지점에서 의미를 가진다. 일본 전국시대 말기의 전설적 검성(劍聖)인 미야모토 무사시가 진검 승부에서 이기고 살아남은 경험의 진수가 400년의 시공간을 뛰어넘어 오늘날의 현대인들에게도 생생한 교훈이 되는 이유다.

『오륜서』는 싸움에서 이기기 위한 술책이 아니라 병법의 철학, 승부의 철학, 나아가 삶의 철학을 담고 있다. 이런 점에서 『오륜서』가 주는 현재적 교훈의 핵심은 "인생의 승부는 끊임없는 수련과 올바른 마음가짐에서 결정된다."라고 할 수 있다.

인간의 삶은 누구에게나 소중하고 가치 있다. 그러나 원론적인 선언이 아니라 개개인의 삶을 실제로 소중하고 가치 있게 만들어나가기 위해선 행동이 필요하다.

삶의 구체성은 추상적 관념이 아니라 현실을 직시하는 통찰력과 부단한 정진에서 비롯된다. 자신의 사회적 활동 영역의 확보와 경제적인 독립이 개인적 삶에서 기본적인 자부심의 출발점이다.

‖ 검의 철학, 승부의 철학, 인생의 철학 ‖

『오륜서』의 가장 큰 장점이자 매력은 화려한 말과 그럴듯한 이론만 가득한 허황된 지식이 아니라 목숨을 건 진검 승부의 세계에서 이기고 살아남은 실전 경험이 압축되어 있다는 점이다. 일본과 미국에서 『오륜서』가 '전략경영의 고전'이자 '인간완성의 서(書)'로 높게 평가받는 배경이다.

무사시가 칼싸움의 세계에서 승리하고 무사도의 경지에 이른 것처럼 오늘을 살아가는 우리도 인생의 경로에서 성취하기 위한 두 가지 전제 조건은 자신감과 평정심이다.

자신감은 현실의 냉철한 인정으로부터 출발한다. 치열한 현실 세계를 인정하고 말이 아닌 실전 경험으로 자신감을 가진다. 평정심은 머릿속의 관념이 아니라 몸과 마음의 수련에서 비롯된다. 스스로 절제할 수 있고 어려운 상황에서도 평정심을 유지해야 한다.

무사시도 승부의 중심은 몸이 아니라 마음임을 거듭 설파한다. 승리에서 기술과 무기는 필요 조건이고 투지와 평정심은 충분 조건이다. 이런 마음의 힘은 현대에 와서도 마찬가지다. 아무리 환경이 좋아도 정신력과 투지가 부족하면 한계가 뚜렷하다.

무사시가 칼을 휘두르던 시절의 아날로그 세상이나 스마트폰으로 의사소통하고 AI 인공지능을 도구로 활용하는 오늘날 디지털 시대나 현실의 본질적 속성은 동일하다.

오십에 읽는 오륜서

『오륜서』의 소재는 칼싸움에서 상대를 먼저 베는 검법이지만, 핵심 주제는 몸과 마음을 수련해 높은 경지로 나아가는 구도적 삶의 길이다.

무사시는 칼싸움이라는 좁은 공간에서 출발해 승부사의 사생관, 개인은 물론 조직의 리더로서 승리하는 전략, 심신을 갈고 닦는 자기계발에 이르는 폭넓은 주제로 확장한다.

독자들이 『오륜서』에 나타난 무사시의 '검의 철학, 승부의 철학, 인생의 철학'을 음미하고, 인생과 비즈니스의 진검 승부에서 올곧게 자신의 길을 걸어가는 통찰과 에너지를 얻길 바란다.

‖ 부록 ‖

╭─────────────────────────────────────╮
│ ‖ 부록 1 ‖   │
│ 『오륜서』 전문   │
╰─────────────────────────────────────╯

1 │ 땅地의 장
      │ : 기초를 다진다

경쟁에서 이겨
살아남아야 한다

이제 예순을 훌쩍 넘긴 나는 어려서부터 천하를 누비며 오로지 진정한 병법의 도를 터득하기 위해 매진해왔다. 싸움에서 첫 승리를 거둔 이후 내가 무사의 길로 들어선 건 겨우 열세 살이다.

그리고 스물한 살에 교토로 상경해 각지에서 올라온 무사들과

오십에 읽는 오륜서

수차례 결투를 벌였고, 그때마다 승리는 내 몫이었다.

그 후로도 스물아홉 살이 되기 전까지 천하를 돌아다니며 다른 유파의 쟁쟁한 고수들과 60여 차례 결투했으며 단 한 번도 패배를 맛본 적이 없다.

그런데 내 나이 서른 살이 지난 어느 날 문득, 지금까지 싸움에서 승리할 수 있었던 까닭은 때로는 하늘의 도움을 받고 때로는 미흡한 상대를 만났기 때문이지 내가 병법의 최고 경지에 올랐기 때문이 아니라는 사실을 깨달았다.

그래서 나는 반드시 승리를 거머쥘 수 있는 병법의 진리를 터득하고자 아침저녁으로 병법의 도를 연마했고, 50세가 넘어서야 마침내 병법의 도를 깨달았다.

그로부터 10년 동안 누구의 가르침도 없이 오로지 혼자 힘으로 다양한 병법을 연마함으로써 드디어 백전백승을 이루는 병법의 도를 터득하기에 이르렀다.

그렇게 만들어진 병법이 바로 니텐이치류(二天一流, 한 손에는 장검인 다치를, 다른 손에는 단검인 와키자시를 쥐고 동시에 사용하는 검법)다.

이 책을 쓰면서 불교나 유교 등 그 어떤 가르침에도 의존하지 않을 것이며, 기존의 군기(軍記)나 군법서(軍法書)의 기록도 인용하지 않을 것이다. 오로지 니텐이치류를 설명함으로써 진정한 병법의 도를 설명하고자 한다.

병법의 도는
곧 승리의 도다

무사(武士)라면 누구나 병법(兵法)을 연마하고 터득해야 한다. 무장(武裝)이 병사들을 잘 이끌기 위해선 병법을 한 치의 오차도 없이 능수능란하게 구사해야 하고, 병사들 역시 무장의 명령에 잘 따르려면 병법을 확실히 이해하고 있어야 한다. 하지만 오늘날 진정한 병법의 도를 깨달은 무사를 찾아보기란 매우 힘들다.

과연 도(道)란 무엇일까? 세상에는 여러 종류의 '도'가 존재한다. 불교의 도는 중생을 구제하는 것이고, 유교의 도는 학문을 연마하는 것이며, 의학의 도는 아픈 사람들을 치료하는 것이다. 또한 시인의 도는 시(詩)를 지어 사람들에게 그 가치를 알리는 것이다.

그 밖에도 다도, 궁도 등 세상에는 서로 다른 영역의 도가 존재하고, 사람들은 누구나 저마다의 도를 추구하며 궁극의 도를 터득하고자 노력한다. 그런데 어찌된 일인지 병법의 도를 추구하는 사람은 그다지 많지 않다.

무릇 무사는 문무(文武)를 두루 겸비해야 한다. 비록 재능을 타고나지 못했더라도 진정한 무사가 되고자 뜻을 세운 사람이라면 끊임없이 노력해 그에 걸맞은 자질을 갖춰야 한다.

사람들은 '의(義)'를 위해서라면 목숨까지도 기꺼이 바치는 사람을 진정한 무사라고 생각하는 경향이 있다. 하지만 죽음을 두려

오십에 읽는 오륜서

위하지 않는 건 비단 무사들만이 아니다. 속세를 떠나 수행의 길로 들어선 승려, 연약한 아낙네, 논밭을 일구는 농부, 신분이 비천한 사람들조차 '의'를 지키기 위해서라면 목숨을 걸 줄 안다. 구차하게 살아남기보다 떳떳하게 죽음을 맞고자 한다는 말이다.

그렇다면 무사가 그들과 다른 점은 무엇일까? 그건 바로 무사의 목표에 있다. 무사는 일대일로 싸우든 군사를 이끌고 싸우든 반드시 승리를 목표로 삼는다. 그는 주군과 자신을 위해 싸우고 승리함으로써 명예를 얻는다.

요컨대 병법의 도는 곧 승리의 도라고 할 수 있다.

의외로 많은 사람이 병법의 도를 수련하더라도 일상생활에 전혀 도움이 되지 않을 거라 생각한다. 하지만 결코 그렇지 않다. 진정한 병법의 도를 터득한 사람은 어떤 어려움도 거뜬히 헤쳐 나갈 수 있는 진정한 승자임을 기억하라.

병법은 이기는 기술이 아니라
이기는 철학이다

중국과 일본에선 예로부터 병법의 도를 터득한 사람을 일컬어 '병법자(兵法者)'라고 불렀다. 그런데 오늘날 스스로 병법자라고 칭하며 사람들을 현혹시키는 자들이 있다.

하지만 이들 대부분은 화려한 검술을 익혀 사람들의 눈을 현혹시키려 할 뿐, 정작 무사라면 당연히 연마하고 터득해야 할 병법의 도를 깨닫지 못한 자들이다.

최근 히타치(常陸) 지방에 위치한 가시마(鹿島) 신궁과 시모우사(下總) 지방에 위치한 가토리(香取) 신궁의 신관들이 신에게 전수받았다는 덴신 쇼덴 가토리 신토류(넨류, 가게류와 함께 일본의 병법 3대 원류로 꼽히는 유파)를 비롯한 여러 유파들이 각지에 난립해 사람들에게 검법을 가르치고 있다. 비록 이들이 검법에 능통한지는 몰라도 진정한 병법자는 아니다.

예로부터 병법은 '리카타(利方)'라고 해 무사가 익혀야 할 '10능 7예(十能七藝)' 가운데 하나로 전해져왔다. '리카타'는 승리를 얻기 위한 도를 의미한다. 따라서 병법을 단순히 싸움에 치중하는 검술로 국한 짓는 건 바람직하지 못하다. 검술 하나만으로는 전쟁에서 다수의 적을 제압할 수도 없거니와 일대일 싸움에서조차 상대를 누르기 어렵다.

그런데도 다양한 기교를 선보이며 사람들의 눈을 현혹시켜 이익을 추구하려는 자들이 너무 많다. 비유컨대 꽃만 있을 뿐 열매가 없는 형국이다. 겉보기에는 좋을지 몰라도 내실이 없다는 말이다. 이들에게 현혹되어 화려한 검술만 연마한 후 마치 병법의 도를 완전히 터득한 것으로 착각했다가는 큰코다치기 십상이다. 미숙한 병법은 자칫 큰 부상을 초래할 수 있다는 걸 명심해야 한다.

인간이 살아가는 데는 일반적으로 '사농공상(士農工商)'의 네 가지 길이 있는데, 저마다 추구하는 '도'가 다르다.

첫째로 '농민의 도'가 있다. 농민은 풍성한 농작물을 거두기 위해 다양한 농기구를 갖추고 사계절의 변화를 유심히 관찰하며 경작에 힘쓴다.

둘째로는 '상인의 도'가 있다. 상인은 저마다의 상품을 사고팔아 이익을 얻고 또 극대화하기 위해 힘쓴다. 예를 들어 술을 파는 상인은 다양한 도구를 갖춰 술을 정성껏 빚고 손님에게 질 좋은 술을 제공함으로써 그에 상응하는 이익을 얻는다.

셋째로는 '무사의 도'가 있다. 무사는 목적에 따라 다양한 무기를 만들고 무기의 용법과 특성을 잘 터득해 적재적소에서 사용할 줄 알아야 한다. 만일 무기를 다루는 데 서툴고 무기의 용법과 특성도 제대로 알지 못하면 어찌 무사라고 할 수 있겠는가.

넷째로는 '장인(匠人)의 도'가 있다. 장인은 용도에 따라 다양한 도구를 정교하게 만들어 사용할 줄 알아야 한다. 도면을 정확하게 그릴 수 있어야 하며 도구를 능숙하게 사용할 줄 알아야 한다.

조금 더 이해하기 쉽도록 병법의 도를 목수(大工)의 도에 비유해 설명해보겠다. 굳이 목수의 도에 비유하는 까닭은 둘 다 집과 관련이 있기 때문이다. '구케(公家)', '부케(武家)', '시케(四家)', '가문의 멸망', '가문의 계승', 'ㅇㅇ 유파의 가문', '가풍', '가계' 등 집을 의미하는 '가'는 일가나 일족을 나타내기도 하고 학문이나 유파를 나타내기도 한다.

또한 목수를 뜻하는 '대공(大工)'이라는 글자에는 '깊이 생각하는 사람'이라는 뜻이 담겨 있다. 무사 역시 매사에 깊이 생각해야 한다는 점에서 그 의미와 일맥상통하므로, 목수의 도는 적합한 비유라고 생각된다.

이 책은 병법의 도를 터득하고 싶어하는 사람들에게 좋은 지침서가 된다. 하지만 아무리 좋은 지침서라 해도 읽는 사람이 제대로 이해하지 못하고 자기 것으로 만들기 위해 노력하지 않으면 무슨 소용이 있겠는가.

그러므로 여러분이 이 책을 읽고 생각에 생각을 거듭해 깊이 이해하고 또한 부단히 노력함으로써 반드시 병법의 도를 터득하게 되길 간절히 바란다.

도편수처럼
무장의 핵심역량은 적재적소다

무장은 무사들의 우두머리로서 군사를 잘 다스려야 하고, 그 방법에 있어서도 명확한 분별력을 갖추고 있어야 한다. 무사를 목수에 비유한다면, 무장은 작업을 진두지휘하는 도편수(都片手)라고 할 수 있다.

건물을 순조롭게 짓기 위해 도편수는 당탑(堂塔)이나 사원(寺院), 궁전, 누각 등 다양한 건물의 양식을 두루 이해하고 설계도를 정확히 파악해야 함은 물론, 각 목수들의 재량에 맞게 일을 지시해야 한다.

건물을 지을 때 도편수가 가장 신경 써야 할 건 재목(材木)을 적재적소에 배치하는 일이다. 곧고 옹이가 없으며 보기에 좋은 재목은 건물 앞쪽 기둥으로 쓰고, 옹이가 조금 있더라도 곧고 튼튼한 재목은 눈에 잘 띄지 않는 뒤쪽이나 안쪽 기둥으로 사용한다. 튼튼하진 않지만 옹이가 없고 보기에 좋은 재목은 문지방이나 미닫이틀 혹은 병풍 등에 사용하는 것으로, 재질에 따라 적합한 곳에 배치해야 한다. 옹이가 있거나 휘어졌더라도 튼튼한 재목은 디딤돌로 쓰고, 마땅히 쓸 곳이 없으면 장작으로 쓰면 된다. 재목을 유심히 살펴보면 저마다 적합한 쓰임새를 찾을 수 있다.

또한 도편수는 각 목수들의 솜씨를 정확히 파악하고 적합한 작업을 지시해야 한다. 어떤 목수에게 마루를 깔게 하고 어떤 목수에게 문을 만들도록 할지, 목수의 재량에 맞는 작업을 지시하는 게 도편수의 역할이다.

작업이 서툰 목수에겐 마루청 밑의 횡목을 깔게 하고 그보다 더 서툰 목수에겐 쐐기를 깎게 하는 등 목수들의 솜씨를 정확하게 알고 적재적소에 배치하면 작업을 조금 더 쉽고 빠르게 진행할 수 있다.

요컨대 유능한 도편수란 어떤 사람인가? 재목의 상태와 목수들의 솜씨를 잘 파악하고, 작업이 진척되는 상황을 정확히 판단해야 할 뿐만 아니라, 도리에 어긋난 일은 하지 않고, 목수들의 마음도 깊이 헤아릴 줄 알아야 한다.

싸움터에서 승리를 일궈야 하는 무장 또한 이 같은 마음가짐을 갖춰야 한다.

병법의 도는
배우고 익혀 실력을 쌓는 과정이다

목수는 작업하는 데 필요한 여러 가지 연장을 직접 만들고 상자에 챙겨 다니며, 도편수의 지시에 따라 도끼로 기둥과 대들보를 깎고 대패로 마루나 선반을 곱게 민다.

목수는 집 구석구석 세밀한 부분까지 치수를 재 정확성을 기하고 집을 신속히 지어야 한다. 또한 항상 연장 상자를 들고 다니며 틈틈이 연장을 손질하고 문갑, 책장, 책상, 탁자, 사방등, 도마, 냄비뚜껑 등을 솜씨 좋고 신속하게 만들 줄 알아야 한다.

이렇게 연습을 거듭해 기초를 튼튼하게 다지고 실력을 쌓다 보면 언젠가 도편수의 자리에 오를 수 있다.

무사의 길 또한 마찬가지다. 비록 지금은 이름 없는 한낱 무사

오십에 읽는 오륜서

라고 해도 자신의 자리에서 꾸준히 병법의 도를 연마하다 보면 언젠가 무장이 되어 군사들을 이끌게 되는 것이다.

목수가 재목이 휘지 않도록 주의를 기울여 각을 맞추고 흠이 생기지 않도록 긴장해 대패질을 하듯, 병법에 뜻을 세운 무사는 끊임없이 자신을 돌아보고 단련시켜야 한다.

몸과 마음을 수련해
어떤 싸움에서도 지지 않는다

이 책은 5장으로 이뤄져 있으며, 키워드는 땅, 물, 불, 바람, 하늘이다. 이렇게 병법의 도를 살펴보고자 했다.

1장 '땅의 장'에선 병법의 개요를 니텐이치류의 입장에서 설명하고자 했다.

검술에만 치중해 병법을 익힌 사람은 진정한 병법의 도를 터득하기 어렵다. 병법의 도를 터득하기 위해선 큰 것을 보고 작은 것을 헤아릴 수 있어야 하고, 얕은 곳에서 더 깊은 곳으로 가고자 끊임없이 노력해야 한다.

요컨대 병법의 도를 터득하기 위해선 기초가 튼튼해야 한다는 말이다. 그러므로 병법의 기초를 다진다는 의미를 담아 첫 장의 제목을 '땅의 장'이라 지은 것이다.

2장 '물의 장'에선 니텐이치류의 병법을 살펴보고자 했다.

물은 어떤 모양의 용기에 담는지에 따라 형태가 변한다. 때로는 네모가 되었다가 동그라미가 되기도 하고 작은 물방울이 되었다가 끝을 알 수 없는 광활한 바다가 되기도 한다.

이렇듯 병법자의 마음은 시시각각 변하는 물과 같이 유연해야 한다. 그러므로 두 번째 장을 '물의 장'이라 이름 짓고 유연함을 생명으로 하는 니텐이치류의 병법에 대해 설명하고자 했다.

병법의 도를 잘 이해하고 연마해 상대방을 마음대로 제압할 수 있는 경지에 오르면, 1천 명이 싸우든 1만 명이 싸우든 반드시 승리를 거머쥘 수 있다. 일대일로 싸우든 군사를 이끌고 싸우든 병법의 도는 동일하기 때문이다.

무장이 싸움을 승리로 이끌어 내기 위해선 한 명의 적을 제압하는 병법으로 군사를 이끌고 1만 명의 적을 제압할 수 있어야 한다. 도편수가 작은 원형을 토대로 거대한 불상을 건립하는 것과 같은 이치다.

이와 관련해 세세한 사항까지 일일이 기록하진 않겠다. 병법의 도를 터득하기 위해선 하나를 보고 스스로 깨우쳐 만 가지를 헤아려야 하기 때문이다.

3장 '불의 장'에선 진행 속도가 빠르고 변화가 극심한 싸움에 대비해 평정심을 유지하고 싸움을 반드시 승리로 이끌어 내는 승리의 병법에 대해 살펴보고자 했다.

싸움은 걷잡을 수 없이 커지는가 하면 한순간 금방이라도 꺼질 듯 작아지는 변화무쌍한 불과 흡사하다. 앞에서도 말했듯 일대일로 싸우든 군사를 이끌고 싸우든 병법의 도는 동일하다.

다만 대규모 전투에선 다수의 사람이 움직이기 때문에 적군의 움직임을 쉽게 포착할 수 있는 것과 달리 일대일 결투에선 상대방의 사소한 움직임을 놓치기 쉽다. 자고로 큰 건 눈에 잘 띄지만 작은 건 눈에 잘 띄지 않는 법이다.

그러므로 상대방의 미세한 변화도 꿰뚫어볼 수 있는 날카로운 안목을 기르고 소소한 것에도 주의를 기울이는 세심함을 갖추기 위해선 평소 수련으로 어떤 상황에서도 흔들리지 않는 평정심을 기르는 게 중요하다.

4장 '바람의 장'에선 다른 유파의 병법을 살펴보고자 했다.

굳이 '바람의 장'에서 이 같은 내용을 다루는 까닭은 바람을 뜻하는 '풍(風)'이라는 글자에는 '신풍(新風)', '구풍(舊風)', '가풍(家風)' 등 풍격의 의미가 들어 있기 때문이다.

흔히 사람들은 병법이라 하면 검술을 떠올린다. 물론 검술이 대표적인 병법 가운데 하나이긴 하지만 병법이 곧 검술이라는 방정식은 성립되지 않는다.

니텐이치류의 병법은 검법에 치중하는 다른 유파들과는 법칙과 기법 등에서 전혀 다른 양상을 띠고 있다.

그럼에도 불구하고 '바람의 장'을 할애해 다른 유파들을 알아

보고자 하는 건 지피지기 백전백승(知彼知己 百戰百勝), 즉 남을 알아야 나를 알고 비로소 상대를 제압해 싸움에서 승리할 수 있기 때문이다.

세상에는 잘못된 길을 걸어가는 사람들이 너무나도 많다. 옳은 길이라는 믿음으로 궁극의 경지에 도달하기 위해 평생을 한길만 고집해온 사람들도 사소한 실수 하나로 잘못된 길로 빠져들기도 한다.

잘못된 길로 갈 바에는 차라리 가지 않는 게 낫다. 그러므로 남을 알아 나를 아는 것이야말로 궁극의 경지에 도달하기 위한 첫걸음이라고 할 수 있을 것이다.

5장 '하늘의 장'에선 병법의 경지를 살펴보고자 했다.

병법은 시작과 끝을 알 수 없고 안과 바깥의 구분이 없는 하늘과 같아 안(기본)과 바깥(비법)의 구분이 없다.

쉽게 말해 병법의 도를 터득한 후에는 다시금 병법의 도에 얽매이지 않고 자유롭게 실력을 쌓아감으로써, 상황을 정확하게 파악하고 적절한 시기를 노려 적을 제압하는 승리의 병법을 스스로 터득해야 한다. 그러므로 '하늘의 장'에선 스스로 참다운 병법의 도를 터득하는 궁극의 경지를 설명하고자 했다.

병법의 도는
어떤 무기로든 상대를 이기는 데 있다

나의 병법을 '니텐이치류' 혹은 '니토류'라고 이름 지은 까닭은 일본의 무사라면 무장이든 병졸이든 누구나 할 것 없이 검 두 자루를 허리에 차고 다니기 때문이다.

예전에는 '다치(太刀, 장검)'와 '가타나(刀)'라고 불렀고 오늘날에는 '가타나' 혹은 '와키자시(脇刀, 단검)'라고 부르는 검 두 자루를 차고 다니는 이유에 대해선 굳이 설명하지 않겠다. 이유가 무엇이든 또 그 이유를 아는 사람이나 모르는 사람이나 일본에선 검 두 자루를 차고 다니는 게 무사의 도라고 생각한다.

그러므로 니텐이치류가 니토(二刀, 쌍검)를 주특기로 하는 건 일본의 무사라면 누구나 차고 다니는 검 두 자루를 사용해 병법의 도를 가르치기 위함이다.

니텐이치류에선 검법을 처음 배울 때부터 다치와 와키자시를 양손에 하나씩 나눠 쥐고 수련하도록 가르치고 있다. 목숨을 건 싸움에서 검을 두 개씩이나 지니고 다니면서도 제대로 써보지도 못하고 죽는다면 그보다 허무한 일은 없을 것이기 때문이다.

크기와 무게 때문에 양손을 함께 사용할 수밖에 없는 창이나 나기나타(長刀)와 달리 다치는 애초에 한 손으로 사용할 수 있도록 설계된 무기다.

그럼에도 불구하고 다치를 두 손으로 들면 양손을 자유자재로 사용할 수 있는 기회를 스스로 포기하는 것과 다를 바가 없다. 특히 말을 달리거나 늪, 진흙 구덩이, 돌밭 등 길이 험하고 사람들이 많은 곳에선 다치를 한 손으로 드는 게 훨씬 유리하다.

그래서 니텐이치류에선 처음부터 한 손에는 다치를 들고 다른 한 손에는 다른 무기를 들고 훈련함으로써 한 손으로도 다치를 능숙하게 사용할 수 있도록 한 것이다. 다만 도저히 한 손으로 상대를 벨 수 없을 경우 두 손으로 잡는 걸 허용한다.

이렇듯 니토류의 훈련 방침은 다치를 한 손으로도 자유자재로 휘두를 수 있게 하는 데 있다. 다치는 일반 검에 비해 무거워 초보자는 한 손으로 들기조차 힘들다. 활이나 나기나타도 마찬가지다.

어떤 무기든 처음에는 서툴러 조작하기 어려운 법이다. 하지만 무기의 특징과 요령을 잘 터득해 꾸준히 연습하다 보면 어떤 무기든 능숙하게 다룰 수 있다.

활쏘기 연습을 하다 보면 활시위를 당기는 힘이 세지듯, 다치도 연습하다 보면 팔에 힘이 생겨 한 손으로도 거뜬히 휘두를 수 있다.

다만 다치를 빨리 휘두르는 것만이 능사가 아님을 기억하라. 다치를 다루는 방법에 대해선 '물의 장'에서 조금 더 자세히 들여다보기로 하겠다.

흔히 다치는 넓은 곳에서 사용하고 와키자시는 좁은 곳에서 사용하는 무기로 알고 있다. 하지만 니텐이치류에선 무기의 길이와 상관없이 싸움에서 이기는 병법을 연마하는 걸 목적으로 하므로 무기의 길이에 특정한 제한을 두지 않는다.

요컨대 니텐이치류는 어떤 무기로든 상대를 이기는 병법의 도를 추구한다.

혼자서 다수의 적을 상대로 싸우거나 좁은 곳에 들어가 몸을 숨기고 있는 적을 공격할 때는 다치 두 개를 사용하는 게 한 개일 때보다 유리하다.

이에 대해선 자세히 설명하지 않겠다. 앞서 말했듯 하나를 보고 스스로 깨우쳐 만 가지를 헤아리는 게 병법의 길이며, 스스로 노력하며 병법의 도를 터득하면 헤아리지 못할 게 없기 때문이다.

다양성 속의 통일성을 이해하라

다치를 잘 다루는 사람을 일컬어 '병법자'라고 부른다. 활쏘기에 능통한 자를 '명궁수'라 하고, 총을 잘 쏘는 자를 '명사수'라 하며, 창을 잘 쓰는 자를 '창술가', 나기나타를 잘 다루는 자를 '검객'이라 한다.

그렇다면 다치를 잘 다루는 자 또한 '검객'이라 부르는 게 마땅

한데, 그렇게는 말하지 않는다.

활, 총, 창, 나기나타 등의 무기를 사용하는 무예(武藝)는 병법의 일부다. 그럼에도 굳이 다치를 잘 다루는 사람을 일컬어 '병법자' 라고 부르는 까닭은 다치로 자신을 수양하고 세상을 다스리기 때 문이다. 요컨대 다치는 병법의 원류(原流)인 것이다.

다치를 휘두르는 요령을 터득하면 혼자서도 능히 10명을 이 길 수 있다. 혼자서 10명을 이기면 100명이 1천 명을 이기고 1천 명이 1만 명을 이길 수 있다. 그러므로 한 명을 상대하든 1만 명을 상대하든 병법의 이치는 동일하며, 검술을 포함해 싸움에 이기는 모든 무예는 병법이라고 할 수 있다.

세상에는 병법의 도 이외에도 유교, 불교, 다도, 예법, 예술 등 여러 종류의 도가 존재하는데, 두루 익혀두면 반드시 쓸 때가 있으 니 병법을 수련하는 틈틈이 시간을 할애해 다양한 도를 접하고 익 혀두길 바란다.

도구는 상황에 맞아야
성능을 발휘한다

무사라면 누구나 무기의 특색과 효용을 잘 숙지하고 있어야 한 다. 그래야 어떤 무기든 때와 장소에 맞게 사용할 수 있다.

오십에 읽는 오륜서

와키자시는 장소가 협소하거나 상대가 가까이 있을 때 유리하다. 한편 다치는 특별히 장소에 구애를 받지 않고 어디에서든 두루 사용할 수 있다. 전쟁터에선 창이 나기나타보다 유리한데, 창이 나기타나보다 조금 더 빨리 상대방을 제압할 수 있기 때문이다. 다만 창과 나기나타는 야전에 유용한 무기이므로 좁은 장소에선 적합하지 않다.

한편 활은 전쟁터에서 여러모로 유용하게 쓰인다. 창이나 나기나타 등 다른 무기의 보조 역할을 할 뿐만 아니라 퇴각하는 군사를 엄호하는 역할도 한다. 상황에 따라 신속하게 대응할 수 있다는 특성으로 야전에서 자주 사용하지만, 성을 공격하거나 적과의 거리가 20간(間, 약 36미터)이 넘어가면 위력을 발휘하지 못한다.

성곽 안에서 전투를 벌일 때는 활보다 화승총이 유리하다. 화승총은 시야가 탁 트인 평지에서 적군과 대치하고 있을 때도 매우 유용하나, 일단 전투가 본격화되면 다치나 창이 조금 더 유리하다.

앞에서 살펴본 바와 같이 활과 화승총은 대규모 전투에 유용한 무기지만, 활은 화살이 날아가는 방향을 눈으로 확인할 수 있는 데 비해 화승총은 탄환의 궤도를 눈으로 확인할 수 없다는 점에서 차이가 있다.

전투마는 튼튼하고 인내력이 좋아야 하며 온순해야 한다. 다치와 와키자시는 검의 날이 정교해야 하고, 창과 나기나타는 예리한 게 좋다. 활과 화승총은 파괴력이 지나치게 강하지 않은 게 좋은

데, 다른 무기도 마찬가지다.

과유불급(過猶不及)! 무엇이든 지나친 건 좋지 않은 법이다.

이렇듯 무기마다 특색이 다르고 쓰임새가 다르다. 무사는 각 무기의 특색과 효용을 잘 기억하고, 상황에 맞게 적절한 무기를 사용할 수 있어야 한다.

그런데 오늘날 활쏘기를 비롯한 대부분의 무예는 보여주기에 급급해 본연의 기능과 정신을 잃어버린 지 오래다.

실전에 전혀 도움이 되지 않는 무예는 진정한 무예라고 할 수 없다. 그러므로 무기를 사용할 때는 다른 사람의 흉내를 내기보다 자신에게 맞는 무기를 찾아 사용하는 방법을 익혀야 한다. 이때 특정한 무기에 집착하지 말고 다양한 무기를 두루 사용할 수 있어야 한다.

흐름을 정확히 이해하고
방향을 잡아야 한다

세상 모든 일에는 흐름이 있다. 춤을 출 때도 노래를 부를 때도 저마다의 흐름이 있으며, 눈에 보이는 건 물론 눈에 보이지 않는 것에도 흐름이 있다.

무사가 크게 출세해 명성을 떨치는가 하면 한순간에 몰락하기

오십에 읽는 오륜서

도 하고, 장사꾼이 크게 이익을 얻는가 하면 파산해 하루아침에 길바닥에 내몰리기도 한다.

이와 마찬가지로 활과 화승총을 쏘거나 말을 타는 등 병법에도 다양한 흐름이 있는데, 무사라면 병법의 흐름을 잘 파악할 수 있어야 한다.

우선 순조로운 흐름과 그렇지 못한 흐름을 분별하고, 흐름의 속도와 크기를 분별해 공격하는 흐름과 방어하는 흐름 등 저마다의 흐름을 분별하는 게 중요하다.

만일 무사가 공격할 흐름을 알지 못하면 병법의 도를 터득했다고 말하기 어렵다. 싸움을 할 때는 상대방의 흐름을 정확하게 파악해 상대방이 미처 생각하지 못한 순간에 상대방을 제압해야 한다. 다시 말해 병법을 제대로 구사하려면, 동작을 하기에 앞서 흐름을 정확히 파악할 수 있어야 한다는 말이다.

몸과 마음을
꾸준히 단련하라

오늘에야 비로소 불철주야 힘써 연마하고 터득해온 니텐이치류의 병법을 기록으로 남기게 되었다. 앞에서도 말했듯 이 책은 땅, 물, 불, 바람, 하늘의 다섯 개 장으로 구성되어 있다.

다음은 니텐이치류의 병법을 배우고 싶어하는 사람이라면 반드시 지켜야 할 아홉 가지 원칙을 적어본 것이다.

첫째, 바른 마음을 가질 것.

둘째, 병법의 도를 터득할 것.

셋째, 다양한 예능과 기예를 익힐 것.

넷째, 다양한 도를 터득할 것.

다섯째, 세상일의 이해득실을 분별할 것.

여섯째, 모든 일의 좋고 나쁨과 옳고 그름을 분별할 것.

일곱째, 눈에 보이지 않는 곳까지 꿰뚫어볼 것.

여덟째, 사소한 일에도 주의를 기울일 것.

아홉째, 도움이 되지 않은 일에 관여하지 말 것.

아홉 가지 원칙을 항상 염두에 두고 몸과 마음을 꾸준히 단련하라. 진정한 병법자가 되려면 크고 넓은 마음으로 바른길을 향해 곧장 달려가야 한다. 그리하여 마침내 병법의 도를 깨우친 자는 혼자서도 20~30명의 상대를 거뜬히 이길 수 있다.

무사된 자는 올바른 병법의 도를 터득하고자 마음을 온전히 병법에 쏟아부어야 한다. 그로써 기술로 상대를 제압하고 사물을 꿰뚫어보는 눈으로 상대방을 이겨야 한다. 각고의 노력을 기울여 모든 동작을 자유자재로 펼칠 수 있는 경지에 도달하면 몸으로도 상

오십에 읽는 오륜서

대를 이길 수 있고, 나아가 병법의 최고 경지에 도달하면 마음으로
도 상대를 이길 수 있다. 요컨대 병법의 최고 경지에 도달한 자는
절대로 패배하는 일이 없다.

무장이 군사를 잘 이끌려면 뛰어난 인재들을 등용해 능숙하게
부릴 줄 알고, 자신의 몸을 바르게 해 영토를 슬기롭게 다스리고
백성들의 안위를 도모해야 한다. 또한 여러 분야의 도를 두루 섭렵
해 남에게 지지 않는 경지에 도달함으로써 명예를 드높이고, 진정
한 병법자가 되고자 끊임없이 정진해야 한다.

그것이야말로 진정한 병법의 도임을 기억하라.

2 | 물水의 장 :유연성을 키운다

유연한 마음으로 응용력을 길러라

니텐이치류는 물과 같이 유연한 마음을 기본으로 한다. 그러므
로 이번 장을 '물의 장'이라 이름 짓고 다치를 사용해 일대일 싸움
을 승리로 이끌 수 있는 니텐이치류의 병법을 설명하고자 한다. 다

만 글로만 설명하기에는 한계가 있으므로, 내용이 다소 미흡하더라도 다음에 소개할 내용을 꼼꼼히 읽고 깊이 생각해 뜻을 이해한다면 반드시 병법의 도를 터득할 수 있을 것이다.

앞으로 살펴볼, 일대일 싸움을 승리로 이끌어 내는 병법은 나아가 수만, 수십만 대군이 싸우는 대규모 전투를 승리로 이끄는 병법이기도 하다.

그러므로 진정한 병법의 도를 터득하기 위해선 앞으로 소개할 내용을 한 자도 빠짐없이 가슴에 깊이 새기고 생각해 바르게 풀이하고 자기 것으로 만들려는 노력을 기울여야 한다. 조금이라도 잘못 해석하거나 이해하지 못한 상태로 얼렁뚱땅 넘어갔다가는 자칫 잘못된 길로 빠질 수 있으니 각별히 주의하길 바란다.

앞에서 병법의 도를 터득하려면 이 병법서의 내용을 완벽하게 숙지해야 한다고 말했다. 그렇다고 방에 틀어박혀 몇 날 며칠 책이 뚫어져라 들여다보라는 의미는 아니다. 그것만으로는 절대로 병법의 도를 터득할 수 없다.

진정으로 병법의 도를 터득해 자신의 것으로 만들고 싶다면 먼저 이론을 완벽하게 숙지해야 한다. 그런 다음 그 내용을 바탕으로 아침저녁 끊임없이 수련해 기술을 익히고 연마하면 틀림없이 병법의 도를 터득할 수 있을 것이다.

항상 평정심을 유지할 수 있도록
마음의 지혜를 닦아라

자고로 무사된 자는 언제, 어떤 상황에서도 평정심(平靜心)을 유지해야 한다. 지나치게 긴장해서도 안 되고 긴장을 늦춰서도 안 되며, 마음이 한쪽으로 치우치지 않도록 중심을 바로 잡으면서도 마음을 유연하게 움직일 수 있어야 한다. 상대방의 검이 자신의 목을 겨누고 있는 절체절명의 순간에도 평소처럼 마음을 넓고 올곧게 유지해야 진정한 무사라고 할 수 있다.

몸이 움직이지 않을 때도 마음은 끊임없이 움직여야 하고, 몸이 빠르게 움직일 때도 마음은 평소처럼 평온하게 움직여야 한다. 마음이 몸의 움직임에 따라 흔들리거나 몸이 마음의 움직임에 따라 흔들리는 일이 없도록 하고, 몸의 움직임에 반응하지 말고 마음의 움직임에 반응해야 한다.

또한 마음이 넘치거나 부족하지 않도록 유지하고, 겉으로는 약하게 보이더라도 속은 강하게 해 상대방에게 자신의 마음을 간파당하지 않도록 한다. 체격이 작은 사람은 큰 사람의 마음을 헤아리고 체격이 큰 사람은 작은 사람의 마음을 헤아려, 체격이 크든 작든 마음을 바르게 갖고 자신의 신체 조건 때문에 마음이 흔들리는 일이 없도록 평정심을 유지해야 한다.

마음을 깨끗하게 비워 잡념으로 혼탁해지는 일이 없도록 하고,

넓은 마음으로 폭넓은 지혜를 닦아야 한다. 지혜를 갖춰 세상의 옳고 그름을 판단할 줄 알고, 선과 악을 분별할 줄 알며, 여러 분야의 기술을 두루 익혀 사람들의 속임수에 넘어가지 않게 되면, 비로소 싸움에서도 승리를 이끌어 내는 병법의 지혜를 갖추는 것이다.

그러므로 무사된 자는 마음과 지혜를 끊임없이 갈고닦아야 한다. 병법의 지혜가 다른 분야의 지혜들과 뚜렷하게 구별되는 건 어떤 상황에서도, 설령 목숨이 일각에 달려 있는 긴박한 전쟁터일지라도 마음의 동요 없이 싸움을 승리로 이끌 수 있기 때문이다.

좋은 행동보다
좋은 습관이 더 강력하다

싸움에 임할 때는 얼굴을 숙이거나 쳐들지 말고 옆으로 기울이지 말며 앞을 똑바로 응시해야 한다. 얼굴을 찡그려 이마와 미간에 주름이 가는 일이 없도록 하고 눈을 깜박이지 말고 가늘게 뜬다.

표정은 밝고 부드럽게 하고 콧대는 곧게 하며 아래턱은 살짝 내민 듯해야 한다. 목덜미에 힘을 줘 목을 곧게 펴고 어깨에 힘을 빼고 허리를 곧게 편다. 엉덩이를 뒤로 내밀지 말며 허리가 구부러지지 않도록 배에 힘을 주고 무릎과 발끝에 힘을 실어 몸을 곧게 지탱한다.

오십에 읽는 오륜서

와키자시를 허리에 찰 때는 칼집을 배에 밀착시켜 허리띠가 느슨해지지 않도록 주의해야 한다.

이렇듯 평소에도 싸움에 임하는 자세를 습관화해 자연스러운 자세로 싸움에 임할 수 있도록 한다.

몸으로 닦고
마음으로 벤다

싸움을 할 때는 시야(視野)를 넓고 크게 둬야 한다. 사물을 보는 눈에는 마음의 눈으로 상대방의 생각을 꿰뚫어보는 '관(觀)의 눈'과 육체의 눈으로 상대의 움직임을 파악하는 '견(見)의 눈'이 있다. 싸움을 할 때는 '관의 눈'을 강하게 해 상대방의 의중을 정확히 파악하고, '견의 눈'을 약하게 해 상대방의 움직임을 대국적으로 볼 수 있어야 한다.

또한 싸움을 할 때는 상대방의 검을 보지 않고도 상대방의 움직임을 정확하게 꿰뚫어볼 수 있어야 한다. 다시 말해 시선을 움직이지 않고도 상대방의 미세한 변화를 감지할 수 있어야 한다.

다수의 군사가 움직이는 대규모 전투에서도 마찬가지다. 다만 이런 기술은 하루아침에 익힐 수 있는 간단한 기술이 아니므로 평소에 부지런히 연습해두길 바란다.

자세와 형세는 다양해도
목적은 하나, 이기는 것이다

검(다치)을 쥐는 방법

검을 잡을 때는 검을 잡은 손의 힘이 풀어지지 않도록 넷째손
가락과 새끼손가락에 힘을 줘 검 자루를 단단히 움켜쥐고, 가운뎃
손가락에 적당히 힘을 줘 검 자루를 쥐고, 엄지손가락과 집게손가
락은 힘을 빼 검 자루에 살짝 붙인다.

검을 쥘 때는 상대방을 쓰러뜨린다는 일념으로 손바닥에 힘을
줘 단단히 움켜잡아야 하며, 상대방을 벨 때는 중간에 검을 고쳐
쥐거나 멈칫해선 안 된다.

다만 상대방의 검을 치거나 공격을 막을 때 또는 내리누를 때
는 엄지손가락과 집게손가락을 제외한 세 손가락을 그대로 고정
하고 엄지손가락과 집게손가락의 위치를 살짝 바꿔준다.

검법을 연습할 때도 실전과 마찬가지로 상대방을 쓰러뜨린다
는 생각으로 검을 쥐는 게 중요하다. 또한 무조건 손가락을 움직이
지 않는 것만이 능사가 아님을 명심하고, 상황에 따라 유연하게 대
처할 수 있도록 연습해야 한다.

오십에 읽는 오륜서

발의 움직임

발을 움직일 때는 발끝을 살짝 들고 뒤꿈치로 지면을 강하게 밟아야 한다. 상황에 따라 발의 움직임이 커지거나 작아지고 빨라지거나 느려지는 정도의 차이는 있지만, 되도록 평소처럼 자연스럽게 걷는 게 중요하다. 다만 뛰어오르는 듯한 발걸음이나 가볍게 총총대는 발걸음, 그리고 바닥에 질질 끄는 발걸음은 피해야 한다.

예로부터 병법에선 '발의 음양(陰陽)'을 중요하게 생각했다. '발의 음양'이란 상대방을 공격하거나 물러설 때 혹은 상대방의 검을 받아칠 때도 오른발이 움직이면 반드시 왼발도 따라 움직이는 것을 말한다. 한쪽 발만 움직이면 자세가 부자연스럽고 자칫 균형이 깨져 상대방에게 틈을 보일 수 있기 때문이다. 그러므로 어떤 경우라도 한쪽 발만 움직이는 보법(步法)은 피해야 할 것이다.

다섯 가지 겨눔세(공격 자세)

상대방을 공격하기 위한 겨눔세에는 상단(上段) 자세, 중단(中段) 자세, 하단(下段) 자세, 오른 옆구리 겨눔세(右脇), 왼 옆구리 겨눔세(左脇)의 다섯 가지가 있다. 상황에 따라 유리한 자세를 취하되, 어떤 자세를 취하든 상대방을 쓰러뜨리려는 목적의식이 뚜렷해야 한다.

다섯 가지 겨눔세 중에서 상단 자세, 중단 자세, 하단 자세는 공격의 기본 자세이고, 오른 옆구리 겨눔세와 왼 옆구리 겨눔세는 공격의 응용 자세다. 오른 옆구리 겨눔세와 왼 옆구리 겨눔세는 위쪽이나 측면이 막힌 경우에 적합하며, 오른 옆구리 겨눔세와 왼 옆구리 겨눔세 가운데 어떤 자세를 취할지는 상황에 따라 유연하게 판단하면 된다.

가장 바람직한 겨눔세로는 중단 자세를 꼽는다. 중단 자세는 공격 자세의 기본 중 기본이다. 중단 자세를 군사에 비유하면 무장에 해당하고 중단 자세를 제외한 나머지 기본 자세와 응용 자세는 무장의 지시를 따라 움직이는 병졸에 해당하므로, 중단 자세를 완벽히 익히면 나머지 자세는 쉽게 터득할 수 있을 것이다.

다치를 휘두르는 요령

다치를 휘두르는 요령을 완벽하게 터득하면 손가락 두 개로도 검법을 자유자재로 구사할 수 있다. 가볍고 민첩하게 사용할 수 있는 부채나 단검과 달리, 크기와 무게감이 있는 다치를 휘두를 때는 우선 마음을 가라앉히고 올바른 방법을 따라만 하면 오히려 마음먹은 대로 움직여지지 않기 때문이다.

다치를 내리칠 때는 먼저 다치를 위로 들어올려 휘두르기 좋게 해야 한다. 측면으로 휘두르려면 반대쪽으로 힘껏 끌어당겼다가 팔꿈치를 펴고 강하게 휘둘러야 한다.

검법의 다섯 가지 기본 자세

앞서 말한 다섯 가지 검법 자세를 조금 더 살펴보고자 한다. 다섯 가지 검법 자세를 완벽하게 익히면 어떤 상황에서도 다치를 능숙하게 휘둘러 상대방을 쓰러뜨릴 수 있다. 그러니 그 요령을 잘 배워두길 바란다.

검법의 제1 기본 자세는 중단 자세로, 우선 칼끝을 상대방의 얼굴을 향해 겨눈다. 상대방이 공격해오면 상대방의 검을 재빨리 오른쪽으로 쳐내고 움직이지 못하도록 밀어낸다. 상대방이 다시 공격하려 하면 칼끝을 돌려 상대방의 검을 되받아쳐 방어하고, 또다시 공격해올 때는 검을 위로 올려치며 상대방의 손목을 벤다.

설명만으로는 이해하기 어려우므로 직접 검을 들고 설명에 따라 연습해보는 게 이해하는 데 도움이 될 것이다. 중단 자세를 비롯해 앞으로 설명할 네 가지 검법의 기본 자세를 완벽하게 익히고 나아가 자신만의 검법으로 발전시킬 수 있다면, 상대방의 공격 유형도 충분히 예측할 수 있는 통찰력이 생겨 어떤 상대를 만나든 반드시 승리할 수 있다.

검법의 제2 기본 자세인 상단 자세는 상대방이 공격해오며 검을 휘두르는 자세다. 만일 검이 상대방을 빗나가면 곧바로 들어올리지 말고 적당한 위치에서 기다렸다가 상대방이 공격해오면 검을 위로 올려친다. 상대방이 다시 공격할 때도 마찬가지로 검을 위로 올려쳐 상대방의 공격을 막아낸다.

검법의 기본 자세는 마음가짐이나 흐름 등 상황에 따라 조금씩 달라질 수 있다. 이런 점을 염두에 두고 자세를 익히면 나머지 자세도 완벽하게 터득할 수 있을 뿐만 아니라, 어떤 싸움에서도 반드시 승리할 수 있다.

검법의 제3 기본 자세인 하단 자세는 검을 아래로 들고 있다가 상대방이 검을 떨어뜨리기 위해 공격하는 순간, 상대방의 손목을 위로 쳐올리는 자세다. 상대방이 또다시 검을 떨어뜨리려고 하면 그보다 빨리 상대방의 팔을 측면으로 쳐낸다.

검을 아래로 들고 있다가 상대방이 공격하려 할 때를 노려 재빨리 빈틈을 공격하는 게 관건이다. 이때 상대방이 공격해오는 속도에 따라 때로는 빠르게 때로는 느리게 대응해야 한다.

검법의 제4 기본 자세인 왼 옆구리 겨눔세는 검을 왼쪽으로 들고 있다가 상대방이 공격해오면 상대방의 손목을 위로 쳐올리고, 상대방이 반격을 하려 하면 상대의 움직임에 따라 함께 움직이다가 어깨쯤에서 상대방의 검을 비스듬히 올려치며 상대방의 손목을 공격하는 검법이다. 상대방의 공격을 방어할 때도 유용하다.

검법의 제5 기본 자세인 오른 옆구리 겨눔세는 검을 오른쪽으로 들고 있다가 상대방이 공격해오는 방향에 맞춰 아래쪽에서 위로 비스듬히 쳐올리며 아래로 곧게 내리치는 검법이다.

이 자세를 완벽하게 익히면 아무리 무거운 검도 자유자재로 휘두를 수 있다.

오십에 읽는 오륜서

검법의 기본 자세에 대한 설명은 이 정도로 그치겠다. 다만 싸움의 흐름을 파악하고 상대방의 움직임을 꿰뚫어 승리를 거둘 수 있도록 검법의 다섯 가지 기본 자세를 꾸준히 수련해 완벽하게 터득하길 다시 한번 당부하는 바다.

기본을 익히되
기본에 집착하지 마라

검을 휘두르는 자세에는 상단 자세, 중단 자세, 하단 자세, 왼 옆구리 겨눔세, 오른 옆구리 겨눔세의 다섯 가지 기본 자세가 있다. 하지만 싸울 때는 '이 상황에선 반드시 이런 자세를 취해야 한다.'라는 방정식이 성립되지 않는다. 검을 휘두르는 자세에 정해진 틀이란 존재하지 않는다는 말이다. 자세가 있으면서도 자세가 없다는 뜻에서 '유구무구'라고 한다.

어떤 자세를 취할지는 상대방과의 관계에 따라 혹은 그때의 상황에 따라 조금이라도 더 상대방을 베기 유리한 쪽으로 선택해야 한다. 상단 자세라도 상황에 따라 조금만 숙이면 중단 자세가 되고, 중단 자세도 상황에 따라 조금만 올리면 상단 자세가 된다. 하단 자세도 마찬가지로 조금만 올리면 중단 자세가 되고, 왼 옆구리 겨눔세도 위치에 따라 살짝 중앙으로 내밀면 중단 자세나 하단 자세가 된다. 그러니 한 가지 자세를 고집하는 건 바람직하지 않다.

상대방이 치고 들어오는 검을 막아내거나 가볍게 스칠 때도 일단 검을 들면 반드시 상대를 쓰러뜨리겠다는 목표를 확고히 해야 한다. 아무런 목표도 없이 상대방의 공격을 방어하기 위해 휘두르는 검은 절대로 상대방을 쓰러뜨릴 수 없다.

어떤 자세를 취하든 오직 그것만이 상대방을 쓰러뜨릴 수 있는 유일한 자세라는 믿음으로 검을 휘둘러야 한다는 말이다.

전투를 할 때도 마찬가지다. 군사를 배치하는 방법에는 여러 가지가 있는데, 두루 섭렵해 반드시 적군을 쓰러뜨리고 승전보를 울리겠다는 굳은 각오로 상황에 따라 시기적절하게 구사할 수 있어야 한다.

도구와 몸과 마음을 일치시켜 타격하라

한 박자 치기

'한 박자 치기'란 상대방 가까이에서 상대방이 미처 상황을 파악하지 못한 틈을 노려 빠르고 민첩하게 공격하는 기술이다. 이때 상대방이 검을 빼 방어하지 못하도록 조금의 틈도 주지 않고 신속하게 선수를 쳐 공격하는 게 관건이다. 오랜 수련을 거쳐 몸에 익

오십에 읽는 오륜서

어야만 정확하고 민첩하게 구사할 수 있으므로 평소에 부지런히 연습해둬야 한다.

두 박자 치기

이쪽에서 먼저 공격 태세를 취하면, 태세를 감지한 상대방이 뒤로 물러났다가 곧바로 치고 들어오려고 할 것이다. 이때 거짓으로 상대방을 공격하는 척해 상대방이 긴장하게 만들고 앞의 동작이 거짓이었음을 알고 상대방이 긴장을 푸는 순간을 노려 재빨리 공격하는데, 이 기술을 '두 박자 치기'라고 한다.

무념무상 치기

쌍방이 서로 공격하려고 할 경우 몸과 마음이 공격할 준비가 되면 자신도 모르게 저절로 검이 나아가 상대방을 공격하게 되는데, 이 기술을 '무념무상(無念無想) 치기'라고 한다. 실전에서 자주 사용하는 중요한 기술이므로 평소에 꾸준히 연마해 몸에 익히도록 한다.

유수 치기

'유수(流水) 치기'는 근접한 거리에서 상대방과 대치하고 있을 때 유용한 기술로, 상대방이 몸을 뒤로 빼거나 피하거나 혹은 밀어젖히려는 순간을 노려 몸과 마음을 흐르는 물처럼 차분히 가라앉히고 검을 천천히 들어올렸다가 힘껏 내리치는 기술이다. 이 기술을 연마하면 상대방을 손쉽게 제압할 수 있다. 다만 그 전에 상대방의 기량을 정확히 판별할 수 있어야 한다.

연속 치기

이쪽에서 먼저 공격하면 상대방은 검을 떨어뜨리려고 하거나 밀어내리려고 할 것이다. 이때 곧바로 검을 휘둘러 상대방의 머리, 손, 다리 등을 연거푸 공격한다. 이렇듯 검이 닿는 곳이라면 어디든 가리지 않고 치는 공격 기술을 '연속 치기'라고 한다. 이 기술 또한 실전에서 자주 사용하므로 잘 익혀둬야 한다.

석화 치기

'석화(石火) 치기'는 상대방의 검과 자신의 검이 맞닿을 정도로 근접한 거리에서 검을 전혀 들어올리지 않고도 상대방의 검을 강하게 쳐내는 기술로 손과 발, 전신에 힘을 모아 빠르고 강하게 치는 게 관건이다. 이 기술은 꾸준히 단련해야 비로소 실전에서 능숙하게 구사할 수 있으므로, 평소에 연습을 게을리해선 안 된다. 잘만 연마하면 일격에 상대방을 쓰러뜨릴 수 있는 위력을 가진 강력한 기술이다.

낙엽 치기

'낙엽 치기'는 낙엽을 떨어뜨리듯 상대방의 검을 쳐서 떨어뜨리는 기술이다. 상대방이 가까이에서 공격하거나 방어하려고 하면 '무념무상 치기'나 '석화 치기'로 상대방의 검을 세게 내려친 후 칼끝을 강하게 내리치면 상대방의 검을 떨어뜨릴 수 있다.

검과 몸의 일치화

일반적으로 공격할 때는 검과 몸이 따로 움직인다. 상대방이 치고 들어오는 상태에 따라 몸이 먼저 나가고 검을 휘두르는 경우도 있고, 몸을 움직이지 않고 검만 움직이는 경우도 있다. 만일 몸이 먼저 나갔다면 곧바로 검을 휘둘러 검과 몸의 움직임이 일치할 수 있도록 해야 한다.

치기와 부딪치기

'치기와 부딪치기'는 언뜻 비슷해 보이지만 근본적으로 다른 동작이다. '치기'가 상황을 정확히 고려한 계획적인 공격법이라면, '부딪치기'는 본능에 따른 즉흥적인 공격법이다. 설령 상대방을 쓰러뜨릴 정도로 강한 공격이었다고 해도 의도한 바가 아니면 '부딪치기'로 봐야 하고, 처음부터 의도한 거라면 '치기'로 봐야 한다. '부딪치기'는 일단 되는 대로 상대방의 손이나 발을 부딪쳐 상대방이 방심하는 순간 강한 '치기'를 펼치기 위한 준비 동작이라고 볼 수 있으므로, 지나치게 세게 부딪치는 것보다 살짝 스치는 정도가 적합하다. 꾸준히 연습해 상황에 따라 잘 구분해 사용할 수 있도록 한다.

자신의 약점을 감추고
기회를 포착하라

짧은 팔 원숭이의 몸

짧은 팔 원숭이는 팔이 짧기 때문에 상대방을 공격할 때는 섣불리 팔을 뻗지 않고 팔이 닿을 수 있을 정도로 가까이 다가간 후에 공격을 개시한다. 다시 말해 '짧은 팔 원숭이의 몸'이란 상대방과 대결할 때는 팔을 함부로 내뻗지 않고, 상대방이 검을 휘두르기 전에 몸을 재빨리 상대에게 밀착시켜 상대방과의 거리를 좁히는 기술이다. 이때 섣불리 팔부터 내뻗으려 하면 중심을 잡기 위해 몸이 저절로 뒤로 빠져 다음 동작을 스스로 노출하는 꼴이 되므로, 팔을 내뻗지 않은 상태에서 상대방에게 몸을 밀착시키는 게 중요하다. 다만 이 기술은 서로의 손이 맞닿을 정도로 근접한 거리에 있는 상대방에게만 유용하다.

오십에 읽는 오륜서

칠교 검법

'칠교(漆膠) 검법'이란 아교처럼 상대방에게 몸을 바짝 밀착시키는 기술을 말한다. 이때 머리, 몸, 발이 따로 놀지 않도록 강하게 밀착시켜야 한다. 대부분의 사람이 얼굴과 발은 비교적 잘 밀착시키는데 몸은 자신도 모르는 사이에 벌어지는 경우가 많다. 그로 인해 상대방에게 기회를 내주는 상황이 벌어지지 않도록 각별히 주의해야 한다.

키 재기

'키 재기'란 다리와 허리를 쭉 펴고 목을 곧게 펴 자신의 몸을 상대방에게 밀어붙이는 기술로, 온몸을 최대한 곧게 펴 크게 보이도록 하는 게 중요하다. 누구나 키를 잴 때는 몸을 곧게 편다. 이렇듯 상대방에게 가까이 다가설 때는 몸을 움츠리지 말고 최대한 곧게 펴 시선을 높게 하고 위에서 상대방을 내려다봄으로써 상대방의 기선을 제압하는 게 중요하다.

상대의 약점을 노리고
역공 기회를 살펴라

검과 검 붙이기

쌍방이 서로 공격해 상대방이 자신의 검을 받아냈을 때는 상대
방의 검에 자신의 검을 밀착시켜 상대방 쪽으로 밀어붙인다. 이때
검을 지나치게 세게 밀착시키지 않도록 주의해야 한다. 이 기술은
자신이 상대방보다 우위에 있을 때 가능하기에, 자신이 상대방보
다 열세일 때 유용한 '들러붙기'와 잘 구분해 사용해야 한다.

몸으로 부딪치기

'몸으로 부딪치기'는 상대방에게 가까이 접근해 자신의 몸으로
상대방을 밀어붙이는 기술이다. 얼굴을 옆으로 살짝 돌리고 왼쪽
어깨를 앞으로 내밀어 상대방의 가슴을 힘껏 가격한다. 이때 적당
한 틈을 노려 온몸에 힘을 집중시키고 솟구치듯 과감히 뛰어들어
있는 힘껏 상대방에게 충격을 줘야 한다. 이 기술을 꾸준히 연마하
다 보면 상대방을 2~3간(약 3.6~5.4미터)까지 날려버려 목숨을 빼
앗을 정도로 강한 위력을 갖는다.

세 가지의 방어술

상대방의 공격을 방어하는 기술에는 세 가지가 있다. 첫째로는 상대방이 근접한 거리에서 휘두르는 검을 방어할 때 검을 상대방의 눈을 향해 겨누고 오른쪽으로 휘둘러 상대방의 검을 오른쪽으로 민다. 둘째로는 상대방의 오른쪽 눈을 찌르는 척하다가 목을 찔러 상대방의 공격을 피한다. 셋째로는 짧은 검으로 상대방의 공격을 방어하는 기술로, 상대방의 검 길이에 상관없이 왼손으로 상대방의 얼굴을 가격하는 자세를 취하면 상대방이 당황해 멈칫하는데 그 순간 재빨리 공격을 피한다. 이때 주먹을 쥐면 효과를 조금 더 극대화할 수 있다.

얼굴 찌르기

양측이 근접한 거리에서 대치하고 있을 때는 상대방이 휘두르는 검과 자신의 검 간격을 좁히고 칼끝으로 상대방의 얼굴을 찌르는 시늉을 한다. 그러면 상대방은 얼굴을 공격당할 거라고 생각해 자신도 모르게 얼굴과 몸을 뒤로 젖힐 것이다. 이때를 노려 공격하면 승산이 높다.

그 밖에도 싸움을 하다 보면 상대방이 몸을 뒤로 젖힐 때가 종종 있는데, 그 순간을 포착해 '얼굴 찌르기' 공격을 구사하면 상대방을 손쉽게 제압할 수 있다. 실전에 자주 사용하는 유용한 기술이므로 반드시 익혀둬야 할 것이다.

가슴 찌르기

위쪽과 측면이 막혀 있는 장소에서 상대방을 베기 어려울 때는 '가슴 찌르기' 기술이 유용하다. 우선 상대방의 검을 피해 칼등을 상대방의 방향과 수직이 되게 세우고, 칼끝이 흔들리지 않도록 주의해 끌어당겼다가 상대방의 가슴을 찌른다.

그 밖에도 싸움이 길어져 체력이 급격히 저하되었거나 검을 휘두르기 어려울 때도 유용하다.

기합 넣기

이쪽에서 먼저 공격을 펼쳤으나 상대방이 되받아친 경우에는 '가쓰(喝)'라는 기합과 함께 재빨리 검을 아래에서 위로 들어올렸다가 '도쓰(咄)'라는 기합과 함께 재빨리 상대방을 쳐낸다. 이 기술을 실전에서 구사할 때는 상대방을 찌른다는 생각으로 칼끝을 세워 들어올렸다가 곧바로 상대를 치는 호흡이 중요하다.

맞받아치기

상대방과 치열하게 접전을 벌이고 있는 가운데 상대방이 검으로 치고 들어오는 시점을 정확하게 포착해 자신의 검으로 맞받아치는 기술을 '맞받아치기'라고 한다. 이 기술을 구사할 때는 상대방이 검을 휘두르는 힘에 맞춰 검을 맞받아친 후 상대방이 다음 동작을 펼치기 전에 재빨리 선수를 쳐 공격하는 게 관건이다. 이

기술은 상대방의 흐름이나 힘에 맞춰 대응하기 때문에 상대방이 아무리 세게 검을 휘둘러도 절대로 검을 떨어뜨릴 염려가 없다.

다수와 싸워도 당황하지 말고
차례차례 대열을 무너뜨려라

혼자서 여러 명의 적을 상대할 때 유용한 기술로, 검 두 자루를 함께 사용한다. 검 두 자루를 들어 양쪽으로 벌리고 사방에서 공격해 들어오는 적을 차례로 대응한다.

우선 치고 들어오는 적의 공격을 막으며 나머지 사람들이 어떤 태세를 갖추고 있는지 살펴야 한다. 시야를 넓게 해 적이 치고 나오는 방향을 감지하고, 양손의 검을 동시에 휘둘러 검을 치고 들어가면서 앞쪽에 있는 적을 베고, 검을 가져오면서 측면에 있는 적을 벤다.

이때 검을 휘두르며 적이 공격해오기만을 기다리는 수동적인 자세는 반드시 피해야 한다. 동작이 마무리되면 재빨리 좌우로 자세를 취해 다른 목표물을 찾아 쓰러뜨림으로써 다수의 적을 차례로 침착하게 제압한다.

물고기 떼를 몰듯 상대방을 몰고 적의 대열이 무너졌다고 판단하면 쉴 틈을 주지 않고 곧바로 강하게 찔러넣어야 한다. 이때 여러 명이 몰려 있는 곳을 무턱대고 공격해선 안 되며, 적이 나오는 방향을 예측해 기다렸다가 공격하는 게 아니라 적이 치고 들어오는 순간을 포착해 적을 무너뜨릴 허점을 찾아 공격해야 한다.

잘만 터득하면 혼자서도 수십 명의 적을 거뜬히 이길 수 있는 매우 유용한 기술이므로 반드시 익혀둬야 할 것이다.

오늘은 어제의 나를 이기고
내일은 오늘의 나를 이겨라

되받아치기

이 기술은 이른바 승리의 검법으로, 연습에 연습을 거듭해야 비로소 터득할 수 있다. 이 기술이야말로 진정한 병법의 도에 대한 명확한 개요를 제시하는 검법이라고 할 수 있다. 자세한 내용은 말로 설명하겠다.

일격필살

'일격필살(一擊必殺)'은 상대방을 단칼에 쓰러뜨리는 기술로, 이 기술을 익히면 병법을 자유자재로 구사할 수 있어 뜻하는 대로 승리를 거둘 수 있다. 다만 병법에 정통한 자만이 가능한 기술이므로 불철주야 병법 연마에 힘써야 할 것이다.

오십에 읽는 오륜서

때를 아는 마음(통찰력)

'때를 아는 마음'이야말로 니텐이치류의 진수(眞髓)라고 할 수 있을 것이다. 자세한 내용은 말로 설명하겠다. 열심히 수련해 반드시 익혀둬야 할 것이다.

1천 일의 연습, 1만 일의 연습

'물의 장'에서 니텐이치류의 검법을 대략적으로 살펴봤다. 검으로 상대방을 제압하려면 먼저 올바른 검법과 기본 자세를 익혀야 한다. 또한 몸에 민첩성을 기르고 마음에는 유연성을 길러 상대방의 상태를 정확하게 파악할 수 있어야 한다.

손과 발을 자연스럽게 움직여 한 명의 적을 쓰러뜨리고 또 한 명의 적을 쓰러뜨릴 수 있어야 하며, 병법의 옳고 그름을 분별할 수 있는 판단력과 상대방의 의중을 꿰뚫어볼 수 있는 통찰력을 길러야 한다.

병법의 도를 터득한 사람은 혼자서도 수십 명을 능히 이길 수 있을 뿐만 아니라, 대규모 전투에서도 뛰어난 지략을 발휘해 싸움을 승리로 이끌 수 있다.

예부터 "천 리 길도 한 걸음부터 시작된다."라고 했다. 옛 선조들의 말씀을 마음에 깊이 새겨 병법의 도를 깨우치는 게 무사의 소임임을 깨닫고 느긋하게 정진하라.

오늘은 어제의 자신에게 이기고 내일은 한 수 아래인 자에게 이겨, 훗날 한 수 위인 자에게 이기겠다는 마음가짐으로 단련에 힘쓰고 그릇된 길로 빠지지 않도록 마음을 단련하라.

1천 일의 연습을 '단(段)'이라 하고 1만 일의 연습을 '연(練)'이라 한다.

다시 말해 '단련(鍛鍊)'이라는 글자에는 진정한 무예를 익히려면 1천 일, 1만 일을 수련해야 한다는 의미가 담겨 있다.

가슴에 깊이 새겨 1천 일, 1만 일 부지런히 수련에 수련을 거듭하다 보면 언젠가 반드시 필승의 경지에 도달할 수 있을 것이다.

3 | 불火의 장
: 평정심을 가진다

병법의 기본은
장수의 리더십과 일맥상통한다

이번 장에선 치열한 승부의 세계를 '불'에 비유해 니텐이치류의 병법을 설명하고자 한다.

사람들은 싸움에서 이기고자 사소한 것에 집착하는 경향이 있다. 검을 더 강하게 휘두르기 위해 팔에 힘을 기르는 사람이 있는가 하면, 조금 더 신속하게 공격하기 위해 부채나 죽도 등 작고 가벼운 무기를 선호하는 사람도 있다.

또한 싸움에 이기고자 손과 발의 민첩성을 기르는 사람도 있다. 하지만 안타깝게도 이런 것들은 실전에선 그다지 도움이 되지 않는다.

나는 목숨을 건 숱한 싸움으로 삶과 죽음의 분기점을 터득했고, 검의 원리를 익혀 상대방이 검을 휘두르는 모습만 보고서도 그의 기량과 검법을 간파해 제압하는 기술을 연마해왔다. 그런 승리의 병법을 모아 마침내 니텐이치류를 만들어 내기에 이르렀다.

니텐이치류의 병법을 터득한 사람은 혼자서도 10명과 싸워 이길 수 있고, 나아가 1천 명으로 1만 명을 이길 수 있다. 그러나 그 경지에 오르기 위해선 병법의 지혜와 도를 쌓고, 오로지 진정한 병법의 도를 터득하고자 하는 일념으로 아침저녁 몸과 마음을 단련하고 기술을 익혀야 한다.

그리하여 마침내 어떤 기술이든 자유자재로 구사할 수 있으면 상상 그 이상의 힘을 얻을 것이다. 이것이야말로 무사로서 병법을 수련하는 최대 목표일 것이다.

지형지물을 이용해
내 장점을 살리고 적의 약점을 공격한다

싸움을 할 때는 태양을 등지는 자리가 유리하다. 상황이 여의치 않을 경우에는 태양이 되도록 오른쪽으로 비추게끔 자리를 잡고, 어두운 밤이나 건물 안에선 불빛을 등지는 자리를 차지해야 한다. 태양이나 불빛을 등지는 자리를 차지하면 상대방이 뒤를 공격하지 못하도록 차단하는 동시에 왼쪽으로 움직일 수 있는 충분한 공간을 확보해 오른쪽에서 상대방을 대적할 수 있기 때문이다. 또한 조금이라도 상대방보다 높은 곳을 차지해 상대방의 기선을 제압해야 하는데, 높은 사람이 상석에 앉는 것과 같은 이치다.

싸우다가 도망치는 상대방을 추격할 때는 상대방을 왼쪽으로 몰아 벽이나 모서리 쪽으로 유도해 퇴로를 차단시키고 도망칠 틈을 주지 않고 몰아붙여야 한다.

건물 안으로 도망쳐 들어간 상대방을 추격할 때도 문지방, 대들보, 기둥, 병풍 등 장애물이 있거나 공격 자세를 취하기 어려운 곳으로 몰고 간 후 상대방이 주위를 살필 틈도 없이 곧바로 밀어붙여야 한다.

이렇듯 장소의 특수성을 잘 이용하면 싸움에서 손쉽게 우위를 차지할 수 있다.

오십에 읽는 오륜서

먼저 기회를 잡아야
이긴다

기회를 잡는 세 가지 방법

기회를 잡는 방법에는 크게 세 가지가 있다. 상대방이 공격해오기 전에 기회를 잡아 먼저 공격하는 방법을 '선의 선'이라 하고, 상대방이 먼저 공격해오길 기다렸다가 빈틈을 공격하는 방법을 '후의 선'이라 한다. 마지막으로는 '대등의 선'이라고 해, 쌍방이 서로 공격하는 가운데 상대방보다 먼저 기회를 잡아 공격하는 방법이 있다.

싸움에서 이기려면 상대방보다 먼저 기회를 잡아야 한다. 앞의 세 가지 방법만 잘 터득하면 어떤 싸움에서도 상대방보다 먼저 기회를 잡아 싸움을 승리로 이끌 수 있다. 어떤 경우에서든 상황에 따라 적합한 방법을 선택하는 게 중요하다.

기회를 잡는 세 가지 방법을 조금 더 구체적으로 살펴보자.

우선 '선의 선'은 아무 일도 없는 듯 느긋하게 있다가 상대방이 공격하기 전에 재빨리 공격해 기회를 잡는 기술로, 마음을 강하게 먹고 다리를 평소보다 빠르게 움직여 상대방에게 다가서자마자 맹렬히 공격을 가한다. 이때 머릿속은 오로지 상대방을 쓰러뜨리겠다는 생각으로 가득해야 한다.

'후의 선'은 상대방이 공격할 때 약한 척해 상대방을 유인하고 가까이 오면 재빨리 뒤로 물러나 당황하게 만든 후 틈을 노려 맹렬히 공격하는 기술과 상대방의 공격에 맞서 싸우다가 빈틈이 보이면 순간을 놓치지 않고 공격하는 두 가지 기술로 나눌 수 있다.

두 가지 기술 모두 상대방에게 틈을 내주고 방심하는 순간을 노려 공격하는 게 요령이다. 요컨대 '후의 선'은 상대방의 틈새 공격을 역(逆)으로 이용하는 기술이라고 할 수 있다.

'대등의 선'은 상대방이 빠르게 공격하면 느긋하게 기다리다가 가까이 오면 과감히 자세를 바꿔 당황하게 만들고 틈을 노려 공격하는 기술이다. 상대방이 천천히 치고 들어올 때는 몸을 가볍게 움직여 재빨리 거리를 좁히고 맹렬히 공격을 퍼붓는다.

응용 동작에 대해선 글로 설명하기에 한계가 있으므로, 우선 기회를 잡는 세 가지 방법을 깊이 이해하고 부지런히 수련해 실전에 적극적으로 응용할 수 있도록 해야 할 것이다.

되도록 먼저 공격해 기회를 잡음으로써 싸움을 주도하는 게 바람직하지만, 상대방이 공격해오길 기다렸다가 기회를 잡는 방법이 유리할 때도 있으므로 상황에 따라 지략을 발휘할 수 있어야 한다.

베개 누르기

'베개 누르기'란 머리를 들지 못하도록 누른다는 의미다. 싸움을 할 때는 누가 먼저 주도권을 잡느냐에 따라 승패가 갈린다. 이같은 싸움의 이치는 상대방도 익히 알고 있을 터다.

그러므로 호시탐탐 기회를 노리는 상대방보다 먼저 주도권을 잡으려면 상대방의 공격 방법을 꿰뚫어볼 수 있어야 한다.

상대방이 공격하려고 동작을 취하면 그 움직임을 간파해 상대방이 움직이려는 순간을 놓치지 말고 제압해 다음 동작의 전개를 저지해야 한다.

상대방이 달려들면 재빨리 막아내고, 뛰어오르려 하면 땅에서 발을 떼지 못하도록 하고, 검을 휘두르면 재빨리 검을 들어 막는 등 불필요한 움직임은 대범하게 넘기고, 위험한 움직임은 상대방이 시작하기도 전에 선수를 쳐 저지해야 한다.

상대방이 행동을 개시한 다음에 대처하면 너무 늦다. 진정한 병법자라면 상대방의 움직임을 간파해 공격하지 못하도록 재빨리 제압할 수 있어야 한다. 다만 이 기술은 하루아침에 터득할 수 있는 기술이 아니므로 평소 부지런히 수련해 반드시 익혀두도록 한다.

거센 폭풍우가
위대한 뱃사공을 만든다

바다를 건너다 보면 폭이 좁은 해협을 지나야 할 때도 있고, 40~50리(160~200킬로미터)에 이르는 긴 해협을 지나야 할 때도 있다. 배의 우두머리인 선장은 배의 성능을 잘 알아야 하며, 날씨의 변화를 예측할 수 있어야 한다. 또한 동행하는 배 없이 망망대해에 홀로 떠 있어도 당황하거나 두려워하지 않고 때로는 순풍을 타고 때로는 역풍을 거슬러 올라갈 수 있어야 한다. 바람의 방향이 갑자기 바뀌어 진로에 방해를 받아도 2~3리(8~12km) 쯤은 거뜬히 노를 저어가겠다는 각오로 배를 건너야 한다.

살다 보면 수없이 많은 난관에 부딪친다. 그때마다 결코 포기하거나 좌절하지 말고 넓은 바다에 배를 띄우는 선장의 마음가짐으로 난관을 뛰어넘어야 한다.

싸움을 할 때도 마찬가지다. 상대방의 전력을 정확하게 파악하고 자신의 실력을 똑바로 알면 선장이 능숙하게 배를 몰아 파도를 가르며 바다를 건너듯 싸움을 능숙하게 이끌 수 있다.

상대방을 미처 파악하지 못해 어떤 병법을 구사해야 할지조차 알 수 없을 때의 심정은 흡사 급류를 만난 선장과 같이 두렵고 막막할 것이다. 이럴 때일수록 마음을 차분히 가다듬고 상대방의 전력을 파악해 약점을 찾아내고 상대방에게 치명타를 줄 수 있는 병법을 구사해 싸움의 주도권을 잡으면 승리할 수 있다.

크든 작든 모든 싸움에는 위기의 순간이 찾아오기 마련이다. 이때 배를 건너는 선장의 마음으로 위기를 극복하면 싸움을 승리로 이끌 수 있다.

형세를 파악하고
선제공격으로 승리를 거둬라

기세 파악하기

대규모 전투를 할 때는 장소와 상대방의 상태 등 적군의 기세를 정확하게 파악하고, 가장 유리한 전략을 세워 싸움을 승리로 이끌어야 한다. 일대일로 싸울 때도 상대방의 의중을 헤아리고, 시시각각 변하는 상대방의 기세를 파악해 상대의 약점을 찾아내고, 전혀 예상하지 못한 방법으로 공격해야 한다.

이때 상대방의 반응을 살펴 조금의 틈이라도 생기면 재빨리 선수를 쳐 공격하는 게 중요하다.

병법의 도를 터득해 지략을 갖추면 기세를 파악하는 판단력이 생긴다. 이렇듯 병법을 자유자재로 구사할 수 있는 경지에 오르면 상대방의 마음을 꿰뚫어볼 수 있는 통찰력이 생겨 싸움에서 반드시 승리할 수 있다.

검 짓밟기

'검 짓밟기'는 실전에서 매우 유용한 기술 중 하나다. 대규모 전투에서 적군이 활이나 화승총을 쏘기 시작했다면, 이제 곧 본격적으로 공격해올 것임을 감지하고 서둘러 대응해야 한다. 이때 활이나 화승총으로 맞대응하면 이미 때가 늦으므로 오히려 주도권을 빼앗길 수 있다. 그러므로 적군이 활이나 화승총을 쏘아 공격을 퍼붓기 시작하면 과감히 치고 들어가 적군을 제압해야 한다.

요컨대 '검 짓밟기'는 적군이 활과 화승총을 쏘며 본격적으로 공격을 준비하는 동안 재빨리 치고 들어가 적군의 공격이 시작되기 전에 짓밟아버리는 기술이다.

한 명의 적을 상대할 때도 상대방의 공격을 맞받아치는 것만으로는 승패가 쉽게 갈리지 않는다. 이런 경우에는 치고 들어오는 상대방의 검을 재빨리 제압해 다음 동작으로 연결되는 걸 저지해야 한다.

'짓밟기'라고 해서 단순히 발로 짓밟는 기술만을 뜻하는 건 아니다. 검과 몸과 마음으로 상대방의 공격 의지를 완전히 꺾어버리는 게 이 기술의 요지다. 또한 상대방이 공격하는 동시에 반격한다고 해서 반드시 정면 승부를 내야 한다는 의미는 아니다. 다만 상대방이 공격을 개시하면 곧바로 몰아붙여 상대방을 제압해야 한다.

오십에 읽는 오륜서

상대방이 무너지는 순간 포착하기

세상 모든 일에는 흥망성쇠가 있다. 흥할 때가 있는가 하면 망할 때도 있기 마련이다. 막강한 영향력을 행사하던 명문가도 하루아침에 몰락하기도 하고, 사기가 충천해 하늘을 찌를 듯하던 적군의 기세가 한순간에 꺾여 흔적도 없이 궤멸되기도 한다.

대규모 전쟁을 할 때는 적군의 기세가 꺾이는 순간을 놓치지 않고 강하게 몰아붙여야 한다. 자칫 순간을 놓쳐 적군이 전력을 재정비할 틈을 주면 승패를 가를 수 없는 지지부진한 상황이 되풀이될 수 있기 때문이다.

마찬가지로 일대일 싸움에서도 상대방의 흐름이 조금이라도 깨지는 기미가 보이면, 순간을 놓치지 말아야 한다. 재빨리 공격해 다신 일어서지 못하도록 완벽하게 제압해야 한다.

입장을 바꿔 생각하면
보이지 않던 게 보인다

상대방의 입장이 되어 생각해보면 상대방의 심리 상태를 쉽게 간파할 수 있다. 예를 들어 도둑이 물건을 훔치다가 들켜 건물 안으로 도망쳤다고 치자. 사람들은 도둑을 두려워해 선뜻 건물 안으로 쫓아 들어가지 못한다. 그 순간에도 도둑은 사람들에게 잡힐까

봐 홀로 두려움에 벌벌 떨고 있을지도 모르는데도 말이다.

대규모 전투에서도 적군을 두려워하는 마음이 크면 소극적일 수밖에 없다. 하지만 아군의 기량이 뛰어나고 상황에 따라 다양한 병법을 능숙하게 구사할 수만 있다면 두려울 게 없다.

일대일로 싸울 때도 상대방의 입장이 되어 생각해야 한다. 상대방은 병법에 밝고 지략이 뛰어난 상대를 만나 두려움에 전전긍긍하고 있을지도 모른다.

두려움에 사로잡힌 상대방을 쓰러뜨리긴 쉽다. 그러므로 싸움을 할 때는 상대방의 입장이 되어 상대방의 심리 상태를 정확히 파악하고 그에 걸맞은 적절한 방법을 강구함으로써 승리를 이끌어 내야 한다.

적의 심리를 동요시키고
의지를 꺾어라

교착 상태에서 벗어나기

이 기술은 상대방과 자신의 기량이 서로 비슷해 우열을 가릴 수 없을 때 유용하다. 쌍방이 팽팽히 맞서고 있어 좀처럼 승부를 가릴 수 없을 때는 재빨리 생각을 바꿔 새로운 기술을 전개해야 한다.

오십에 읽는 오륜서

대규모 전투에서 양쪽 군대가 팽팽하게 맞서 지지부진한 대치 상태가 길어지면, 식량 공급이 원활하지 못할 뿐만 아니라 병력에 커다란 손실을 입는다. 그러므로 적당한 시기를 노려 적군이 생각하지 못한 새로운 병법을 구사해 적군의 허를 찔러야 한다.

일대일 결투에서도 마찬가지다. 좀처럼 승부를 가릴 수 없을 때는 상대방의 상태를 잘 파악해 예상치 못한 기술로 과감히 치고 들어가 제압해야 하는 것이다.

그림자 움직이기

'그림자 움직이기'는 좀처럼 상대방의 의중을 헤아리기 어려울 때 유용한 기술이다.

대규모 전투에서 적군의 심중을 헤아리기 어려울 때는 아군을 움직여 선제공격을 가하는 척해 적군이 어떤 전법으로 대응하는지 살펴 의도를 파악한다. 그런 다음 적절한 대응책을 마련해 적군을 쓰러뜨리는 것이다.

일대일 싸움에서도 상대방이 검을 옆이나 뒤로 빼 공격 자세를 갖추려 하면 재빨리 공격하며 상대방의 의중을 헤아린다. 그런 다음에는 조금 더 유리한 병법을 모색해 상대를 제압해야 하는데, 치고 들어가야 할 때를 놓치지 않도록 주의해야 한다.

그림자 누르기

'그림자 누르기'는 상대방이 공격할 기미를 감지했을 때 유용한 기술이다.

대규모 전투에서 적군이 공격할 태세를 갖추면 공격이 시작하기 전에 재빨리 움직여 적군이 공격을 제대로 펼치지 못하도록 힘으로 제압하고, 적군이 계획을 바꿔 다른 전법을 구사하려 하면 때를 놓치지 않고 그에 걸맞은 새로운 전법으로 공격해 적군을 쓰러뜨려야 한다.

이와 마찬가지로 일대일 싸움에선 상대방이 내뿜은 강한 공격의 기운을 억누르고 상대방이 당황하는 틈을 노려 공격하면 쉽게 승패를 가를 수 있다.

이때 상대방이 대응하기 전에 먼저 선수를 쳐 공격하는 게 중요하다.

전염시키기

다른 사람이 하품을 하면 자신도 모르게 하품을 따라 한다. 졸음이나 하품도 그렇지만 인간의 심리 상태는 의외로 전염성이 강하다.

전쟁터에서 적군이 우왕좌왕하며 전투를 서두르는 기미가 보이면 이쪽에선 아무 일 없다는 듯 의연한 태도를 취한다. 이를 본 적군이 긴장을 풀면 그때를 노려 빠르고 강하게 공격해 적군을 제압한다.

일대일 싸움에서도 느긋한 모습을 보여주고 상대방이 방심한 틈을 노려 강하고 빠르게 공격하면 기선을 제압할 수 있다.

이 밖에도 상대방의 마음을 조종해 기선을 잡는 기술에는 무기력하게 만들기, 나약하게 만들기, 소극적으로 만들기 등이 있다.

동요시키기

초조하게 만들기, 포기하게 만들기, 경악하게 만들기 등 상대방의 마음을 동요시키는 방법에는 여러 가지가 있다.

특히 대규모 전투에선 적군을 동요시키는 작전을 자주 사용하는데, 적군이 미처 생각하지 못한 곳을 맹렬히 공격해 적군의 마음을 동요시킨 후 적군이 전세를 가다듬을 틈을 주지 않고 공격해 재빨리 기선을 제압해야 한다.

이와 마찬가지로 일대일로 맞서 싸울 때도 느긋하게 있다가 불시에 공격해 상대방의 마음을 동요시킨 후 곧바로 공격하면 상대방을 손쉽게 제압할 수 있다.

나보다 강한 상대를 만났을 때는
허를 찔러라

위협하기

인간은 예기치 못한 상황이 벌어지면 위협을 느낀다. 그런 심리를 잘 이용하면 상대방의 기세를 꺾어 싸움을 유리하게 이끌 수 있다.

대규모 전투에선 말이 울부짖는 소리나 아군의 기세등등한 함성소리로 적군을 위협하기도 하고, 아군의 수를 많아 보이게 해 겁을 주기도 한다. 혹은 불시에 공격하는 등 적군을 위협해 두려움을 유발하고 적군의 사기를 꺾어 싸움의 주도권을 선점한다.

이 기술은 일대일 결투에서도 유용하게 써먹을 수 있다. 몸이나 목소리, 무기 등으로 상대방을 위협하고 상대방이 두려움에 우왕좌왕하는 순간을 노려 예상하지 못한 곳을 공격하면 상대방을 손쉽게 제압할 수 있기 때문이다.

들러붙기

'들러붙기'는 상대방과 자신이 근접한 거리에서 한 치의 양보도 없이 팽팽하게 맞서고 있어 좀처럼 승패가 갈리지 않을 때 유용한 기술로, 이대로는 승산이 없다고 판단되면 즉시 상대방에게 들러붙어 움직임을 자유롭지 못하게 만든 후 재빨리 다른 전법을

오십에 읽는 오륜서

구사해 제압한다.

대규모 전투에서든 일대일 결투에서든 상대방과 자신의 기량
이 비슷해 승부가 나지 않을 때는 상대방에게 들러붙어 우왕좌왕
하는 틈에 기선을 제압해 승부를 결정지어야 한다.

급소 공격하기

이 기술은 강한 상대를 만났을 때 유용하다. 상대방이 너무 강
해 정면 승부를 낼 수 없을 때는 급소를 노리는 게 상책이다.

대규모 전투에선 적군의 세력을 잘 관찰해 급소를 공격하면 기
세를 꺾을 수 있다. 적군의 기세가 한풀 꺾이면 또 다른 급소들을
찾아 차례로 공략한다.

이와 마찬가지로 일대일로 싸울 때도 상대방의 급소를 공략하
면 기세가 꺾여 손쉽게 승패를 가를 수 있다.

혼란시키기

이 기술은 상대방이 갈피를 잡지 못하도록 만드는 게 관건이
다. 대규모 전투의 경우, 우선 적군의 심리 상태를 정확하게 파악
해 적군이 공격할 시기나 공격 방법을 결정하지 못하고 갈팡질팡
할 때를 노려 지략을 발휘해 제압해야 한다.

또한 일대일로 싸울 때는 기회를 포착하고 다양한 검법을 구사
해 상대방을 찌르거나 가까이 다가가 동작을 취하면 상대방은 허

둥대기 마련이다. 그 순간을 노려 상대방의 허점을 공격하면 손쉽게 쓰러뜨릴 수 있다.

목소리로 제압하기

싸움을 할 때는 단계별로 목소리를 다르게 해 상대방을 제압할 수 있다. 목소리에는 그 사람의 기세가 담겨 있는데, 요컨대 이 기술은 상대방에게 자신의 기세를 목소리로 전달하는 방법이라고 할 수 있다.

싸움을 시작할 때는 함성을 크게 질러 적군을 위협하고, 싸움이 한창일 때는 배에서 울리는 중저음의 함성을 질러 공격에 박자를 넣고, 후반에 이르러 승리를 거둔 후에는 함성을 크고 강하게 질러 적군의 기세를 완전히 꺾고 승리를 확실히 인식시켜야 한다.

일대일로 싸울 때는 기합을 넣는 동시에 거짓으로 공격하는 척해 상대방이 허둥대는 순간을 공략한다.

또한 자신이 승리했음을 상대방에게 각인시키고자 상대방을 친 후에 기합을 넣기도 하는데, 이때 검을 휘두르는 동시에 기합이 들어가지 않도록 주의해야 한다.

싸움이 한창일 때는 기합을 넣어 동작에 박자를 넣기도 하는데, 나지막한 소리로 기합을 넣는 게 바람직하다.

덤벼들기

대규모 전투의 경우, 적군의 전력이 아군보다 강하다고 판단되면 적군의 한쪽 측면을 집중 공략해 무너뜨리고 다시 적군의 기세가 강한 쪽을 종횡무진 공격해 무너뜨려야 한다.

혼자서 여러 명의 적을 상대할 때도 우선 상대편 중 한 명을 집중 공격해 무너뜨리고 또 다른 상대를 골라 공격해 무너뜨리기를 반복하다 보면 공격 양상이 '갈 지(之)'자 모양으로 나타나는데, 이때 한 발자국도 물러서지 않겠다는 마음가짐으로 대범하게 치고 들어가는 게 중요하다.

일대일로 싸울 때도 상대방이 자신보다 강하다고 판단되면 결코 물러서지 않겠다는 각오로 대범하게 덤벼들어야 승기를 잡을 수 있다.

훈련은 피 흘리지 않는 전쟁, 전쟁은 피 흘리는 훈련이다

싸움을 할 때는 똑같은 실수를 되풀이해선 안 된다. 부득이하게 두 번까진 허용하더라도 세 번, 네 번 실수를 되풀이하는 건 절대로 있을 수 없는 일이다.

상대방에게 기술을 걸었으나 결과가 나빴다면 재빨리 다른 방법을 모색해야 한다. 상대방이 산이라고 생각하면 바다로 대응하고 상대방이 바다라고 생각하면 산으로 대응하는 식의, 상황에 따라 상대방의 의표를 찌르는 다양한 전법을 구사하는 게 요령이다.

칼의 세계엔
어중간한 승리는 없고 한판승만 있다

단숨에 무찌르기

'단숨에 무찌르기'는 자신이 상대방보다 강하다는 마음가짐으로 단숨에 상대방을 제압하는 기술이다.

대규모 전투의 경우, 인원수와 상관없이 적군이 조금이라도 우왕좌왕하는 모습을 포착하면 과감히 공격해 초반에 기세를 꺾어버려야 한다. 다만 적군의 기세를 완전히 제압하지 못하면 오히려 역공을 당할 수 있으므로 주의해야 한다.

일대일 싸움에서도 상대방이 도망치려 하거나 상대방의 기량이 자신에게 미치지 못할 때는 조금의 틈도 주지 말고 단숨에 무찔러야 한다. 상대방이 전력을 재정비해 반격해오는 일이 없도록 완벽히 제압하는 게 중요하다.

오십에 읽는 오륜서

뿌리째 뽑아버리기

겉으로는 이긴 것처럼 보여도 상대방에게 싸울 마음이 남아 있다면 싸움은 아직 끝난 게 아니다. 그러므로 상대방의 기세를 완전히 꺾어 결과에 깨끗이 승복하도록 만들어야 한다. 이에 대해선 딱히 정해진 방식이 있는 건 아니다.

다만 대규모 전투에서든 일대일 싸움에서든 무기를 꺾고 상대방의 몸과 마음도 완전히 꺾어버려야 비로소 승리를 확신할 수 있다는 걸 기억하라.

팽팽할 땐
과감히 상황을 전환시키고 쇄신하라

상황 전환하기

쌍방이 팽팽하게 맞서고 있어 좀처럼 승부가 나지 않을 때는 기존의 방법을 과감히 버리고 새롭게 시작하는 마음으로 새로운 방법을 강구해 상황을 전환시켜야 한다.

이때 상황에 따라 계획을 재빨리 변경할 수 있는 결단력이 필요하다. 대규모 전투에서도 양쪽 군사 간의 대치 상태가 길어지면 새로운 전략을 구사해 상황을 쇄신시켜야 하는데, 병법의 도를 터득하면 시기를 정확하게 분별할 수 있다.

대범하게 행동하기

'서두우수'란 쥐가 가진 세심함과 소가 가진 대범함을 의미하는 말이다. 싸움을 할 때는 쥐의 세심함을 발휘해 상대방의 소소한 움직임도 놓치지 않도록 주의하되, 좀처럼 결말이 나지 않거나 절호의 기회가 오면 마음가짐을 달리해 소의 대범함으로 과감히 상황을 쇄신하고 기회를 잡아 상대방을 제압해야 한다.

상대방을 자유자재로 움직이기

상대방을 마음대로 조종할 수만 있으면 싸움을 손쉽게 승리로 이끌 수 있다. 그러기 위해선 상대방을 자신의 지시대로 움직이는 병졸이라고 생각하고 자유자재로 움직여 싸움을 유리하게 이끌 수 있어야 한다.

이기겠다는 투지 없이
승리는 없다

이번 장에선 니텐이치류 병법을 기록해봤다. 생각나는 대로 기록하다 보니 표현이 다소 미흡하지만 병법의 도를 터득하고자 하는 자들에게 좋은 지침서가 될 것이다.

이론을 습득하는 데 치중해 실전에선 검 한 번 제대로 휘두르지 못하고 패배하는 사람이 있는가 하면, 싸움의 승패와 상관없이 현란한 잔재주를 익혀 사람들의 이목을 집중시킴으로써 이익을 얻으려는 사람도 있다.

물론 그들도 지금의 위치에 오르기까지 오랜 시간과 노력을 투자해왔을 것이다. 하지만 진정한 병법의 도를 터득하려면 몸과 기술을 단련하면서 내실을 기해야 한다. 그래야만 병법의 도가 부패해 쇠퇴하는 걸 방지할 수 있다.

검을 들지 않고도 이기는 경우가 있는가 하면, 검을 들고도 이기지 못하는 경우가 있다. 즉 어떤 마음가짐으로 싸움에 임하는지에 따라 승패가 결정된다는 말이다.

스스로 병법의 도를 깨닫고 궁극의 경지에 도달할 수 있도록 연마하고 또 연마하길 바란다.

진정한 검법의 도는 오직 적과 싸워 이기는 것이다. 니텐이치류의 다양한 지혜를 배우고 부지런히 연습해 실전에서도 병법을 능수능란하게 구사할 수 있으면, 어떤 싸움에서도 반드시 승리하는 필승의 경지에 도달할 수 있을 것이다.

병법의 도를 터득하면 크고 단단한 바위처럼 견고해져 어떤 공격도 이겨낼 수 있는 경지에 도달할 것이다.

자세한 내용은 말로 설명하겠다.

4 바람風의 장
: 남을 알아 나를 안다

다른 유파를 통해
병법의 도를 되돌아본다

이번 장에선 다른 유파들의 병법을 살펴보기로 하겠다. 병법을 본격적으로 익히기에 앞서 다른 유파들의 문제점을 살펴봄으로써 니텐이치류의 병법을 조금 더 깊게 터득할 수 있는 계기를 마련하기 위함이다.

적을 알고 나를 알면 백전백승이라고 하지 않았는가!

세상에는 실로 다양한 검술 유파가 존재한다. 장검을 선호하는 유파가 있는가 하면 단검을 선호하는 유파도 있고, 검법의 다양함을 중시하는 유파가 있는가 하면 병법을 기본과 비법으로 나누고 비법을 전수함으로써 자신들의 가치를 높이려는 유파도 있다.

오늘날에는 병법의 기교만 내세워 겉모습만 그럴듯하게 꾸미고 사람들의 눈과 귀를 현혹시킴으로써 이익을 얻으려는 유파들이 너무나도 많다.

어디 그뿐인가! 병법을 검술에 국한 지어 검을 다루는 방법을 가르치고 고된 수련을 거듭해 동작을 민첩하게 만들고 화려한 기술을 익히는 것만이 병법의 도를 이루는 길이라고 잘못된 가르침을 전수하는 유파도 있다.

과연 이들을 진정한 병법자라고 말할 수 있을까? 안타깝지만 결코 그렇지 않다. 니텐이치류가 추구하는 병법은 이들과는 근본적으로 다르다.

그러므로 이번 장에선 다른 유파들에 대해 알아보고 그들이 무엇을 간과하고 있는지 살펴봄으로써 진정한 병법의 도를 터득하는 데 도움을 주고자 한다.

무기는 도구에 불과해
승리를 보장해주진 못한다

유파들 중에는 장검을 선호하는 곳이 있다. 이들은 장검을 사용하면 길이가 길다는 장점을 이용해 멀리서도 상대방을 쓰러뜨릴 수 있다고 생각한다.

과연 그럴까? 안타깝지만 이 같은 생각은 어떤 경우에도 반드시 승리하는 병법의 도를 깨닫지 못한 나약한 자들이 만들어낸 헛된 망상에 불과하다. 공간이 협소하거나 상대방이 가까이에 있을 때는 검이 길면 오히려 짐이 된다. 심지어 맨손으로 싸우는 편이 나을 때도 있다.

장검을 선호하는 사람들은 저마다 그럴듯한 이유를 댄다. 하지만 그건 나약한 자들의 자기 합리화에 불과하다. 만일 그들의 주장이 옳다면 장검을 쥔 자는 반드시 이기고 단검을 쥔 자는 반드시 져야 한다.

하지만 현실은 그렇지 않다. 싸움을 하다 보면 사방이 막혀 있는 곳에서 싸워야 할 때도 있고, 손에 쥔 무기라고는 단검 한 자루가 전부일 때도 있으며, 장검을 휘두르기에 체력이 받쳐주지 않는 사람도 있을 것이다.

이렇듯 싸움에는 여러 가지 예기치 못한 변수가 발생한다. 그런데도 전혀 고려하지 않고 장검을 고집한다는 건 참으로 어리석은 짓이다. 그렇다고 장검이 하찮은 무기라는 뜻은 결코 아니다.

상황에 따라 장검도 유용하게 쓰인다. 예부터 "큰 건 작은 걸 겸한다."라는 말도 있으니 말이다. 다만 장검에 집착하는 건 바람직하지 않다는 걸 말해두고 싶다.

장검이 다수의 병력이라면 단검은 소수의 병력이라 할 수 있다. 그렇다면 소수의 병력으로 다수의 병력을 이긴다는 게 과연 불가능한 일일까? 그렇지 않다. 예부터 소수의 병력으로 다수의 병력을 이긴 사례는 손에 꼽을 수 없을 정도로 많다.

편협한 생각을 버려라. 소수의 병력으로 다수의 병력을 이기고 어떤 무기로도 반드시 승리하는 병법의 지혜를 익히는 것, 그것이야말로 니텐이치류가 추구하는 진정한 병법의 도임을 기억하라.

강하면 오히려 약해지므로
부드러움으로 이겨라

공격할 때는 오로지 상대방을 쓰러뜨리겠다는 목표에 정신을 집중해야 한다.

'이번에는 아주 세게 휘둘러야지', '이번에는 이 정도 세기면 충분할 거야' 등 호시탐탐 자신의 목숨을 노리는 상대방을 앞에 두고 과연 이런 계산이 가능할까? 또한 검법에 있어 강한 것과 약한 것을 구분할 수 있을까?

검을 지나치게 세게 휘두르려고 하다 보면 몸의 균형이 무너져 자세가 흐트러지기 마련이다. 자세가 흐트러지면 공격이 잘 안 먹힐 뿐만 아니라 자칫하면 자신의 검이 부러져 위험해질 수 있다. 그러므로 검을 휘두를 때는 적당한 강도로 휘둘러야 한다.

대규모 전투에서도 강력한 군세로 밀어붙이면 상대도 강력한 군세로 대응하므로 오히려 승패를 가르기 어렵다. 그러므로 싸움에서 승리하려면 강한 것에 대한 집착을 버리고 지략을 발휘해 올바르고 다양한 병법을 시기적절하게 구사할 수 있어야 한다.

공격과 방어를 자유롭게 구사해
목표를 이뤄라

장검을 선호하는 유파가 있는가 하면, 단검을 선호하는 유파도 있다. 이들 역시 진정한 병법자라고 보기 어렵다. 예부터 검은 길이에 따라 장검과 단검으로 나눠 사용되었다.

일반적으로 힘이 센 사람은 장검을 가볍게 다룰 수 있을 뿐만 아니라, 창이나 나기카타 등 장검을 대신할 만한 무기가 다양하므로 굳이 단검을 쓰려고 하지 않는다.

그럼에도 불구하고 일부 유파에서 단검을 선호하는 까닭은 무엇일까? 이들은 단검의 길이가 짧다는 점을 이용해 상대방이 검을 휘두르는 틈을 비집고 들어가 재빨리 공격할 수 있다고 생각한다. 하지만 자칫 선수를 뺏겨 상대방에게 끌려다닐 수 있으므로 결코 좋은 방법이 아니다.

단검은 여러 명의 적을 상대할 때도 장검에 비해 불리하다. 단검을 선호하는 사람들은 적진에 홀로 뛰어들어 단검을 휘두르며 종횡무진 활약하는 모습을 떠올리지만, 현실에선 적을 쓰러뜨리기는커녕 적들이 휘두르는 장검을 피하느라 검 한 번 제대로 휘두르기 어렵다. 그런데도 단검에 집착할 것인가?

싸움을 할 때 검의 길이는 중요하지 않다. 그보다 한 치의 흐트러짐 없이 단숨에 치고 들어가 상대방을 민첩하게 제압할 수 있어

오십에 읽는 오륜서

야 한다.

대규모 전투를 할 때도 마찬가지다. 병력의 많고 적음은 중요하지 않다. 소수의 병력으로든 다수의 병력으로든 군사를 민첩하게 움직여 우위를 차지하고 단숨에 적군의 숨통을 조여야 한다.

그런데 대부분의 사람이 적극적이고 민첩한 공격 기술보다 방어 기술을 연마하는 데 많은 시간을 허비한다. 물론 싸움에서 살아남으려면 방어 기술도 반드시 익혀둬야 한다. 하지만 지나치게 방어 기술에 치중하다 보면 자신도 모르게 수동적이게 되어 적극적으로 공격하지 못하고 상대방에게 끌려다니기 십상이다.

무엇이든 한쪽으로 치우치는 건 좋지 않다. 그러므로 무사라면 장검이니 단검이니 한쪽에 편중하지 말고 올바른 병법과 바른 도리로 상대방을 제압할 수 있도록 힘써야 할 것이다.

무사는 연예인이 아니라
실전의 승부사다

다양한 검술을 개발하는 유파

세상에는 다양한 검술을 개발해 사람들의 이목을 현혹시킴으로써 이익을 얻으려는 유파가 있다. 이들의 검법은 상업적인 전술에 불과할 뿐 진정한 검술이라고 할 수 없다.

이들은 사람을 쓰러뜨리는 방법에는 여러 가지가 있다고 주장한다. 하지만 실제로 사람을 쓰러뜨리는 방법은 기껏 해봐야 '찌르기', '찍기'와 그 응용 동작이 전부다. 병법을 터득한 사람이든 그렇지 못한 사람이든 여인이든 아이들이든 누구나 할 것 없이 똑같다.

꼭 다양한 기교를 익혀야만 승자가 되는 건 아니다. 검을 쥐는 방법과 몇 가지 기본 동작만 완벽하게 익히면 좁은 공간이나 사방이 막혀 있는 곳 등 장소나 상황에 따라 얼마든지 유리한 검법을 선택해 싸움을 승리로 이끌 수 있다.

이 동작에선 손목을 이렇게 해야 하고 몸은 어떻게 움직여야하며 이럴 때는 뛰어올라 피해야 한다는 등 병법을 구사하는 데 있어 세밀한 동작은 오랜 실전 경험을 통해 스스로 터득하는 것이지, 수박 겉핥기식의 얄팍한 이론으로 얻어지는 게 아니다.

그래서 니텐이치류에선 현란한 검법을 가르치기보다 기본에 충실해 몸과 마음을 바르게 하고, 허점을 공격해 상대방의 흐름을 깨뜨리고 상대방이 우왕좌왕하는 틈을 노려 과감히 치고 들어가 단숨에 승부를 짓는 기술을 중요하게 생각하고 있는 것이다.

자세를 중시하는 유파

자세를 중시하는 유파 역시 진정한 병법의 도를 터득했다고 보기는 어렵다. 일단 싸움을 시작하면 상대방을 재빨리 불리한 상황으로 몰아넣고 우위를 차지해야 한다. 자세에 신경 쓸 겨를 따위가

오십에 읽는 오륜서

없다는 말이다.

흔히 사람들은 적군의 공격에도 끄떡없는 자세를 강조하며, 성을 높이 쌓아올리고 튼튼한 진지를 구축한다. 하지만 내 생각은 좀 다르다. 싸움에서 중요한 건 '어떻게 하면 상대방의 우위에 설 수 있느냐'지 자세는 전혀 문제가 되지 않는다. 그래도 굳이 최고의 자세를 꼽는다면 공격하기에 유리한 자리를 차지한 자세라고 할 수 있다.

거듭 말하지만 싸움을 할 때는 적극적으로 움직여 상대방이 예상하지 못한 곳을 공격하고, 상대방이 당황해 우왕좌왕하는 틈을 노려 재빨리 치고 들어가 승패를 결정지어야 한다. 이것이 바로 니텐이치류가 '유구무구'의 가르침을 중요하게 생각하는 까닭이다.

대규모 전투를 할 때는 먼저 적군의 병력과 정황을 정확히 파악하고, 아군의 병력과 특징을 충분히 고려해 군사를 배치해야 한다. 또한 누가 먼저 적극적으로 선수를 치느냐에 따라 전세가 크게 달라질 수 있으므로 적극적으로 공격해 적군을 제압해야 한다. 제아무리 좋은 무기를 가지고 있어도 적군의 공격을 방어하는 데만 급급해선 절대로 승리할 수 없다는 걸 기억하고 싸움에 적극적으로 임해야 한다.

정말로 중요한 건
눈에 보이지 않는다

싸움에 임하는 시야에 대해선 상대방의 검, 손, 얼굴 혹은 발에 둬야 한다는 등 유파마다 주장하는 바가 다르다. 그러나 시선을 어디에 두든 지나치게 시선 처리에 신경 쓰다 보면 검법을 자유롭게 펼치기 어렵다.

공을 잘 차는 사람은 공을 보지 않고도 다양한 기술을 구사해 공을 찰 수 있다. 또한 곡예에 능한 사람은 보지 않고도 물건을 코에 얹거나 칼 여러 개를 자유자재로 휘두를 수 있다. 평소에 기술을 부지런히 연마해 시선을 한곳에 고정하지 않고도 대략적인 감각으로 사물의 위치를 파악할 수 있기 때문이다.

이와 마찬가지로 여러 상대를 만나 다양한 실전 경험을 쌓다 보면 저절로 상대방의 의중을 헤아릴 수 있고, 상황을 정확하게 파악해 가장 적합한 병법을 구사할 수 있다. 또한 상대방의 검을 보지 않고도 검의 움직임과 속도를 정확히 파악할 수 있다.

검을 휘두를 때는 상대의 심리 상태를 잘 읽어낼 수 있는 곳에 시선을 두고, '관의 눈'을 강하게 해 상대방의 의중을 헤아려야 한다. 또한 대규모 전쟁에선 전쟁터의 지형과 적군의 병력 등 전반적인 상황을 두루 살펴 적군의 허점을 알아내고, 적당한 시기를 노려 적을 단숨에 쓰러뜨리는 게 중요하다.

오십에 읽는 오륜서

이렇듯 한 사람을 상대로 싸우든 여러 사람을 상대로 싸우든 싸움을 할 때는 시야를 되도록 넓게 가져야 한다. 사소한 것에 신경 쓰다가 큰 걸 놓치는 일이 없도록 주의해야 할 것이다.

빠른 게 능사가 아니라
상황에 맞는 속도가 중요하다

빠른 발걸음을 선호하는 유파

많은 유파가 떠 있는 듯 걷기, 뛰는 듯 걷기, 나는 듯 걷기, 눌러 걷기, 까치발이라고 해서 발을 빠르게 움직이라고 가르친다. 그러나 발을 빠르게 움직인다고 좋은 것만은 아니다.

'떠 있는 듯 걷기'는 발을 옮길 때 균형을 잃기 쉽고, '뛰는 듯 걷기'는 뛰어오르는 동작에 치중해 검법을 정확하게 구사하기 어렵다. '나는 듯 걷기'는 날아오르려는 동작에 정신이 빼앗겨 승부는 뒷전이 되어버리기 십상이다. '눌러 걷기'는 상대방에게 선수를 내주는 꼴이 되므로 피해야 한다.

그 밖에도 까치발을 비롯해 여러 가지 발동작이 있는데 늪, 진흙 구덩이, 계곡 혹은 산, 강, 자갈길 등 발을 자유자재로 움직이기 어려운 곳에선 모두 부적합하다.

싸움을 할 때는 평소에 길을 걷듯 발걸음을 자연스럽게 옮겨야 한다. 상대방의 움직임에 맞춰 움직이되 서둘러야 할 때도 평소와 마찬가지로 안정된 자세를 유지하고, 발의 움직임이 흐트러지지 않도록 속도를 유지해야 한다.

군사를 움직일 때도 마찬가지다. 적군의 허점이 보이면 조금의 틈도 주지 않고 신속하게 움직이되 대열이 무너지지 않도록 신중해야 한다.

이때 지나치게 빨리 움직이려 하면 대열이 무너지기 쉽고, 너무 느리게 움직이면 적군의 허를 찌르는 기습공격을 할 수 없으므로 적정한 속도를 유지하는 게 중요하다.

속도를 중시하는 유파

빠른 것만이 능사가 아니다. 병법을 구사할 때도 예외는 아니다. '빠르다' 혹은 '느리다'라는 개념은 원래의 흐름에서 벗어난 상태를 뜻한다. 다시 말해 검을 빨리 휘두른다는 건 원래의 속도에서 벗어났다는 걸 의미하므로 결코 바람직한 상태라고 할 수 없다.

어떤 기술을 익히든 경지에 도달한 사람은 빨라 보이지도 느려 보이지도 않으며 동작이 지극히 자연스럽다. 파발꾼은 하루에 40~50리(160~200km)를 달려 소식을 전하는데, 요령을 터득하지 못한 사람은 하루 종일 쉬지 않고 달린다. 그렇다고 다른 파발꾼들보다 빨리 목적지에 도착하는 것도 아니다.

비단 파발꾼뿐만이 아니다. 노래를 하는 사람이든 악기로 장단을 맞추는 사람이든 요령을 터득하지 못한 사람은 조바심을 내기 마련이고, 그러다 보면 자신도 모르게 원래의 속도보다 빨라진다. 이와 달리 능숙한 사람은 느긋해 보여도 결코 느리지 않고, 서두르지 않는 듯 보여도 행동이 민첩하다.

싸움을 하다 보면 늪, 진흙 구덩이 등 움직임에 제약이 따르는 곳에서 싸워야 할 때도 있다. 이때 지나치게 속도에 치중하면 몸의 균형이 무너져 상대방을 공격하기는커녕 자기 한 몸 서 있기도 힘들다.

장검을 휘두를 때도 마찬가지다. 장검을 아무리 빨리 휘두르려 해도 가볍고 길이가 짧은 부채나 단검의 속도를 따라가기 어렵고, 또 속도에 지나치게 치중하면 정확성이 떨어진다.

전쟁터에서 적군과 싸울 때도 무턱대고 속도로 밀어붙이기보다 상황에 맞춰 가장 유리한 전략을 강구하고 전략에 따라 적당한 속도로 공격해 승리를 이끌어 내는 게 중요하다.

다만 상대방이 기술을 펼치지 못하도록 '베개 누르기' 기술을 구사할 때는 신속함이 관건이다. 또한 상대방이 빠르게 공격해올 때는 오히려 느긋하게 대응해 상대방에게 끌려다니는 일이 없도록 주의해야 한다.

비법은 없으므로
꾸준히 노력하고 기본을 다져라

흔히 사람들은 병법에는 기본과 비법이 따로 있다고 생각한다. 과연 병법에는 기본과 비법의 구분이 있을까? 만일 구분이 있다면, 병법의 기본은 무엇이고 비법은 무엇일까?

니텐이치류에선 각자의 기량에 맞춰 쉬운 것부터 이해하기 어려운 것까지 단계별로 순서를 밟아 병법을 가르친다. 대개 내가 직접 경험을 통해 터득한 진리와 기술들을 가르치기 때문에 기본과 비법의 구분이 따로 없다. 너무 깊이 파고들어 가려 하면 오히려 겉도는 법이고, 기본이 도움이 되는 순간이 있는가 하면 비법이 도움이 되는 순간도 있기 마련이다.

일부에선 병법을 가르치기에 앞서 비법을 발설하지 않겠다는 서약서를 강요하는 유파도 있다는데, 과연 비법이라 해서 숨기고 기본이라 해서 드러내는 게 무슨 의미가 있을까?

그보다 병법을 배우고자 하는 사람의 기량을 파악해 그에 맞춰 바르고 옳은 병법을 가르침으로써 병법의 병폐를 없애고 무사로서 진정한 병법의 도를 터득해 조금의 의혹도 없게 하는 것, 그것이야말로 오늘날 검술 유파가 추구해야 하는 최종 목표일 것이다.

이번 장에선 다른 유파의 병법을 아홉 개 조항으로 나눠 살펴봤다. 각 유파의 기본에서 비법에 이르기까지 조금 더 상세히 기록

오십에 읽는 오륜서

하면 좋겠지만, 각 유파별로 병법의 내실과 이론에 대해 저마다 생각하는 바가 다르고 같은 유파에서도 사람마다 조금씩 견해의 차이가 있을 수 있으므로 후일을 생각해 설명은 이쯤 하겠다.

다른 유파들을 살펴보니 어떤 유파는 장검을 선호하는가 하면 어떤 유파는 단검을 선호하고, 또 어떤 유파는 강한 일격을 선호하는 등 모두 어느 한 가지에 편중하는 경향을 보였다.

니텐이치류의 검법에는 기본과 비법의 구분이 없다. 또한 정해진 자세도 없다. 그저 병법의 뜻을 세운 많은 사람이 바르고 올곧은 마음으로 병법의 도를 터득해 바른길로 가길 진심으로 바랄 뿐이다.

---

5 │ 하늘空의 장
│ : 새로운 경지를 추구한다

몸과 마음을 바르게 하고
끊임없이 수련한다

마지막으로 이번 장에선 니텐이치류가 추구하는 '진정한 병법의 도란 무엇인가'를 살펴보려고 한다.

'하늘(空)'은 뚜렷한 형체가 없고 끝도 시작도 알 수 없다. 흔히 사람들은 헤아릴 수 없는 경지를 일컬어 '하늘의 경지'라고 한다. 하지만 이건 잘못된 해석이다. 미혹하고 혼란한 상태와 하늘의 경지를 혼동해선 안 된다.

병법에 뜻을 세운 자가 무사의 도를 헤아리지 못하면 어떻게 하늘의 경지에 도달했다고 할 수 있겠는가! 진정한 무사가 되려면 병법을 정확히 이해하고 부지런히 연마해 무사로서의 충분한 자질과 소양을 갖춰야 한다. 또 어떤 경우에도 평정심을 유지해야 하고 아침저녁으로 수련에 힘써야 한다.

때로는 마음을 크고 넓게 가지고, 때로는 하나에 집중할 줄도 알아야 한다. 넓고 멀리 봐야 할 때와 가깝고 세밀하게 봐야 할 때를 구분해 시야를 단련하고, 조금의 흐트러짐도 없이 공명한 상태가 진정한 '하늘의 경지'임을 깨닫고 그 경지에 도달하고자 노력해야 한다.

많은 사람이 자신이 올바른 길로 가고 있다고 굳게 믿고 있다. 그런데 의외로 많은 사람이 편협하고 왜곡된 시선에 사로잡혀 바른길을 보지 못하고 잘못된 길로 발을 들여놓았다가 끝내 빠져나오지 못하고 자멸한다.

이런 불상사를 피하기 위해선 인간의 편협함을 자각하고 마음을 바르고 올곧게 해 병법을 부지런히 연마하고 터득해야 한다. 그리고 마음을 바르고 투명하고 대범하게 쓸 줄 알아야 한다.

오십에 읽는 오륜서

그래야만 진정한 '하늘의 경지'에 오를 수 있다. 하늘의 경지에는 지혜와 진리가 있다. 선(善)은 있으되 악(惡)은 없다. 부디 몸과 마음을 바르게 하고 도를 부지런히 연마해 여러분 모두가 하늘의 경지에 도달하길 진심으로 기원한다.

『병법 35개조』 전문

수년에 걸쳐 연마한 니텐이치류의 병법을 이제야 비로소 글로 남긴다. 이번 기회를 빌어 지금껏 다양한 실전 경험으로 터득하고 연마한 검법과 병법자의 마음가짐에 대해 간략하게나마 적어보고자 했다.

다만 생각나는 대로 두서없이 기록하다 보니 다소 표현이 매끄럽지 못하거나 설명이 부족한 부분도 있을 것이다. 이 점은 양해를 구하는 바다.

1조항 '니텐이치류'라는 명칭의 유래

니텐이치류에선 두 자루의 검, 즉 장검과 단검을 이용한 병법을 가르친다. 이때 장검과 단검은 각자 편할 대로 양손에 나눠 들

오십에 읽는 오륜서

면 되는데, 장검과 단검을 동시에 사용하는 병법을 가르치는 까닭은 양손에 힘을 길러 검을 한 손으로도 능수능란하게 다룰 수 있도록 하기 위함이다.

한 손으로도 장검을 능숙하게 휘두를 수 있는 경지에 도달하면 말을 달리거나 늪, 진흙 구덩이, 자갈길은 물론이고 사람이 많은 곳이나 다른 손에 무기를 들고 있을 때도 매우 유리하다. 처음에는 크기와 무게 때문에 들기조차 힘들지만 꾸준히 연습하다 보면 한 손으로도 자유자재로 휘두를 수 있다.

활쏘기, 말타기, 노젓기 등 어떤 기예든 부지런히 연습하면 못할 게 없다. 검을 휘두르는 것도 마찬가지다. 부지런히 연습하다 보면 반드시 검을 마음대로 휘두를 수 있는 경지에 도달할 수 있다. 다만 저마다 타고난 힘과 재량이 다르므로 자신에게 맞는 검을 선택하는 게 좋다.

2조항 병법의 도를 터득하는 방법

일대일 싸움이든 대규모 전투든 모든 싸움을 승리로 이끄는 병법의 도는 동일하다. 한 명을 상대로 싸울 때는 자신의 마음을 무장으로 삼고, 손과 발을 부하 장수로 삼고, 몸을 병졸로 삼아 군사를 이끌듯 몸과 마음을 움직여야 한다.

평소 병법을 단련할 때는 몸과 마음을 하나로 일치시키고, 힘을 주거나 동작을 취할 때는 과하거나 부족함이 없어야 한다. 또한 한쪽으로 치우치는 일이 없도록 머리에서 발끝까지 두루 신경 써야 한다.

3조항 검을 쥐는 방법

검을 쥘 때는 검을 잡은 손의 힘이 풀어지지 않도록 넷째손가락과 새끼손가락에 힘을 줘 검자루를 단단히 움켜쥐어야 한다. 또한 가운뎃손가락에 힘을 적당히 주고 엄지손가락과 집게손가락을 검 자루에 살짝 붙인다.

무사가 죽고 사는 건 검과 그의 손에 달려 있다. 치고 들어오는 공격을 막는 데 급급해 상대방을 쓰러뜨리려는 마음이 깃들어 있지 않는 검에는 죽음만이 기다리고 있을 뿐이다.

상대방을 쓰러뜨리고 살아남기 위해선 검과 손을 유연하게 움직여 공격을 막고 과감하게 치고 들어가야 한다. 또한 검을 휘두를 때는 팔뚝 윗부분에 힘을 빼고 아랫부분에 힘을 실어야 한다. 이때 손목을 붙이거나 팔꿈치를 과도하게 뻗거나 구부리지 않도록 주의한다.

4조항 싸움에 임하는 자세

머리는 숙이지도 말고 너무 쳐들지도 말며, 어깨에 힘을 빼고 등을 곧게 세운다. 가슴은 그대로 두고 허리가 구부러지지 않게 배에 힘을 준다. 이때 무릎에 과도하게 힘을 싣지 않도록 주의해야 한다. 또한 몸통을 정면으로 향하고 시야를 최대한 넓게 가진다. 이 자세를 생활화하면 싸울 때도 평소처럼 자연스러운 자세를 구사할 수 있다.

5조항 발동작

싸움을 할 때는 상황에 따라 때로는 강하고 약하게, 때로는 느리고 빠르게 발을 움직여야 한다. 이때 되도록 평소처럼 자연스럽게 움직이는 게 중요하다. 뛰는 발, 뜬 발, 허둥거리는 발, 까치발, 짓밟는 발, 뛰어올랐다가 내딛는 발동작은 되도록 피해야 한다. 어떤 경우에도 발바닥을 지면에 차분하고 확실하게 내디뎌야 안정된 자세를 취할 수 있기 때문이다.

6조항 싸움에 임하는 시야

싸움에 임하는 시야에 대해선 예부터 여러 가지 의견이 분분했으나, 니텐이치류에선 상대방의 얼굴을 주시하라고 가르친다. 눈은 평소보다 조금 가늘게 뜨고 정면을 부드럽게 주시한다. 상대방이 가까이 다가와도 눈동자가 움직이지 않도록 주의를 기울이며 먼 곳을 응시하듯 상대방을 쳐다보면, 상대방의 기술은 물론이고 양쪽 측면까지 파악할 수 있다.

이때 '관의 눈'을 강하게 하고 '견의 눈'을 약하게 사용해 상대방의 의중을 꿰뚫어볼 수 있어야 한다. 마음을 한곳에 집중하면 눈빛으로 드러날 수 있으므로 항상 마음을 크고 넓게 가져 상대방에게 간파당하지 않도록 주의한다.

7조항 상대방과의 간격

상대방과의 간격에 대해선 유파마다 의견이 분분하지만 병법에 지나치게 집착한다는 점에서만큼은 정확하게 일치한다. 이들과 달리 니텐이치류에선 상대방과의 간격에 대해 딱히 정해 놓은 바가 없다. 다만 어떤 기술이든 끊임없이 연마해 최고의 경지에 도달하면 배우지 않아도 기술을 구사하기에 가장 유리한 거리를 저절로 터득한다. 자신의 검이 상대방에게 닿을 정도의 거리라면 대개 상대방의 검도 자신에게 닿는다. 다시 말해 상대방도 얼마든지 공격해올 수 있다는 말이다. 그러므로 상대방을 쓰러뜨리고자 할 때는 몸을 사리지 않고 과감하게 치고 들어가야 한다.

8조항 싸움에 임하는 마음가짐

싸움을 할 때는 절대로 위축되어선 안 된다. 당황하거나 두려워하지도 말며, 마음을 바르고 넓게 해 집착을 버리고 차분히 가라앉혀야 한다. 때로는 맑고 깊은 바다와 같이, 때로는 한 방울의 물과 같이 흐름에 따라 마음을 내맡길 수 있어야 한다.

9조항 병법의 상중하

하위의 병법은 다양한 자세와 검법 속에서 강인함과 신속함을 엿볼 수 있고, 중위의 병법은 기술이 세밀하고 박자가 잘 맞으며 화려한 품격을 느낄 수 있다. 상위의 병법은 강하지도 약하지도 않고 날카롭지도 위압적이지도 않으며 느리지도 빠르지도 않다. 화려하게 보이진 않지만 볼품없어 보이지도 않으며 크고 올곧고 고요하다.

10조항 마음속의 물레

무사는 항상 마음속에 물레를 지니고 있어야 한다. 어떤 상대를 만나든 상대방을 실이라고 생각하고 마음속의 물레를 돌려보면 강점과 약점, 옳고 그름, 긴장감과 느슨함 등 상대방의 상태를 놓치지 않고 꿰뚫어볼 수 있다.

11조항 다치를 휘두르는 요령

다치를 휘두르려면 우선 검의 특성과 요령을 완벽하게 익혀야 한다. 그래야 다치를 자유자재로 휘두를 수 있고, 나아가 강한 검법을 구사할 수 있기 때문이다. 다치의 길이나 무게를 무시하고 단검을 휘두르듯 가볍게 휘둘러선 절대로 상대방을 쓰러뜨릴 수 없다. 또한 공격할 때는 반드시 상대방을 쓰러뜨리겠다는 마음을 검에 담아 침착하고 정확하게 휘둘러야 한다.

12조항 치기와 부딪치기

치기와 부딪치기는 다른 동작이다. '치기'가 쳐야 할 곳을 정확히 알고 차분한 마음으로 검을 휘두르는 계획적인 동작이라면, '부딪치기'는 어디를 쳐야 할지 알 수 없을 때 어디든 일단 부딪쳐보는 단순하고 즉흥적인 동작이다.

그렇다고 부딪치기를 우습게 봐선 절대로 안 된다. 상대방의 몸이나 검 등 어디든지 구애받지 않고 상황에 따라 일단 부딪쳐봄으로써 허점을 파악할 수 있기 때문이다. 요컨대 부딪치기는 치기의 준비 동작이라고 할 수 있다.

13조항 기회를 잡는 세 가지 방법

기회를 잡는 방법에는 세 가지가 있다.

우선 이쪽에서 먼저 치고 들어가 상대방이 반격하기 전에 기회를 잡아 공격하는 방법을 '선의 선'이라 한다. 반대로 상대방이 공격해오는 순간을 기다렸다가 상대방의 기술을 무효화시키고 재빨리 기회를 잡는 방법을 '후의 선'이라 한다. 양쪽이 서로 공격하는 가운데 먼저 상대방의 허점을 찾아내 공략함으로써 기회를 잡는 방법을 '대등의 선'이라 한다.

'선의 선'을 구사할 때는 공격 태세를 취하되 발과 마음은 그대로 두고, 평온한 마음으로 치고 들어가 상대방이 동요하는 순간을 놓치지 않고 공격하는 게 요령이다.

반대로 상대방이 먼저 공격해올 때는 몸을 사리지 말고 재빨리 움직여 거리를 좁히고, 당황한 상대방이 틈을 보이면 순간을 노려 공격해야 한다.

한편 양쪽이 서로 공격할 때는 온몸에 힘을 주고 허리를 곧게 펴 안정된 자세로 검과 몸·발·마음을 빠르게 움직여 상대를 제압하는 게 요령이다.

14조항 배 건너기

상대방과 맞닿을 정도로 근접한 거리에서 내가 먼저 공격해 위기를 모면할 수 있다고 판단되면 재빨리 몸과 발을 상대방에게 밀착시킨다. 자세한 방법은 앞뒤 조항의 내용을 참고한다.

15조항 검과 몸의 일치화

검을 휘두를 때는 몸이 검을 따라 움직이는 일이 없도록 주의해야 한다. 궁극의 경지에 도달한 자만이 검과 몸의 움직임을 완벽하게 일치시킬 수 있다. 그러므로 검을 휘두를 때는 몸과 마음의 중심을 잘 잡고, 검과 몸의 움직임이 일치할 수 있도록 주의해야 한다. 만일 몸이 먼저 나갔다면 곧바로 검을 휘둘러 검과 몸의 움직임을 일치시킬 수 있도록 부지런히 연마해야 한다.

16조항 발의 음양

싸움을 할 때는 오른발이 움직이면 반드시 왼발도 따라 움직여야 한다. 상대방을 공격할 때는 물론이고 상대방의 공격을 방어하거나 뒤로 물러설 때도 오른발에서 왼발 또는 왼발에서 오른발 순으로 발걸음을 이어가듯 움직여야 한다. 발을 한쪽만 움직이면 앞의 동작과 뒤의 동작이 부드럽게 연결되지 않기 때문이다. 그러므로 평소 길을 걷듯 오른발이 움직이면 반드시 왼발도 따라 움직이는 훈련을 해야 한다.

17조항 검 짓밟기

상대방의 칼끝을 짓밟아 제압하는 동작이다. 상대방의 검이 끝까지 치고 들어오는 순간을 기다렸다가 재빨리 왼발로 칼끝을 짓밟는다. 쌍방이 팽팽하게 맞서 좀처럼 승패를 가릴 수 없을 때 유용한 기술이다. 이때 검이든 몸이든 상대방을 짓밟아버리겠다는 마음으로 기선을 제압하면 반드시 쓰러뜨릴 수 있다. 앞에서 싸움을 할 때는 평소처럼 자연스럽게 발걸음을 옮겨야 한다고 말한 바 있으나, '검 짓밟기'의 경우는 예외에 속하므로 기억해둬야 한다.

18조항 그림자 누르기

상대방을 유심히 관찰하다 보면 유난히 신경을 곤두세우는 부분이 있는가 하면 그렇지 않은 부분도 있다. 이때 상대방의 신경이

집중되어 있는 부분을 공격하는 척하다가 재빨리 방향을 틀어 그렇지 않은 부분, 즉 허점을 공격하면 상대방을 혼란에 빠뜨려 싸움을 손쉽게 승리로 이끌 수 있다. 다만 방심은 금물이다. 마음을 놓지 말고 다음으로 공격할 곳을 미리 봐둬야 한다.

19조항 그림자 움직이기

그림자는 태양의 그늘이다. 상대방이 검을 휘두르며 치고 들어오면 마음으로 검을 짓밟고, 몸을 크고 곧게 세워, 검으로 상대방의 몸을 공격한다.

이때 공격을 받은 상대방은 자신도 모르게 몸을 피하려고 하는데, 그 순간을 놓치지 않으면 손쉽게 쓰러뜨릴 수 있다.

이 기술은 다른 유파에선 찾아볼 수 없는 니텐이치류만의 새로운 기술로, 공격을 피해 움직이려는 상대방의 심리를 이용해 공격하는 게 요령이다.

20조항 활시위 벗기기

쌍방이 마치 당겨진 활시위처럼 팽팽히 맞서고 있을 때는 재빨리 몸·발·마음 그리고 검의 긴장을 풀어 대치 상태에서 벗어나야 한다. 이때 상대가 눈치채지 못하도록 해야 상대방 역시 자연스럽게 긴장을 풀 수 있다.

21조항 머리빗의 가르침

머리빗은 엉킨 머리칼을 풀어주는 도구다. 마음속에 머리빗을 지니고 상대방의 엉켜 있는 부분을 하나씩 풀어나가면 싸움을 순조롭게 이끌 수 있다. 엉켜 있는 상태와 긴장 상태는 언뜻 비슷해 보이지만, 긴장 상태가 강인한 사람의 심리 상태라면 엉켜 있는 상태는 나약한 사람의 심리 상태라고 할 수 있다.

그러므로 우선 상대방을 정확하게 파악하고 '활시위 벗기기'와 '머리빗의 가르침' 중 어떤 기술을 구사할지 잘 구별해 실수하지 않도록 한다.

22조항 박자 간격 파악하기

박자와 박자의 간격을 파악해 공격하는 기술에는 크게 네 가지가 있다.

상대방의 움직임이 느리면 검이 상대방의 몸에 닿을 정도로 근접한 거리에 있을지라도 움직이지 말고 재빨리 몸을 넓고 곧게 펴 상대방에게 부딪치는데, '한 박자 치기'라고 한다.

반대로 상대방의 움직임이 빠르면 몸과 마음으로 공격하고 상대방의 움직임을 따라 재차 공격하는데, '두 박자 치기'라고 한다.

또한 '무념무상 치기'라고 해서 몸과 마음이 공격할 준비가 되면 자신도 모르게 저절로 검이 나가 상대방의 기세가 변하는 사이 곧바로 치고 들어가는 기술이 있으며, '느린 박자 치기'라고 해서 상대방이 휘두른 검을 되도록 천천히 꺾어 누르듯 받아치는 기술이 있다.

여기에서 말하는 박자는 상대방이 움직이는 박자이므로 상대방에 따라 빨라지기도 하고 느려지기도 한다.

23조항 베개 누르기

'베개 누르기'라고 해서 상대방이 검을 들어 공격하려는 기세를 제압하는 기술을 구사할 때는 상대의 몸·발·마음까지도 완벽하게 제압해야 한다. 이 기술은 상대방을 공격할 때나 가까이 파고들어갈 때, 상대방의 공격에서 벗어나고자 할 때 유용하며 그 밖에 주도권을 잡을 때도 유리하다.

'베개 누르기'는 다양한 상황에 응용할 수 있는 편리한 기술이므로 평소에 부지런히 단련해두길 바란다.

24조항 기세 파악하기

장소와 상대방의 상태 등 싸움을 할 때는 상대방의 기세를 정확하게 파악해야 한다. '마음속의 물레'가 상대방의 평소 심리를 파악할 수 있는 기술이라면, '기세 파악하기'는 시시각각으로 변하는 상대방의 심리 상태를 파악하는 기술이다.

이 두 가지 기술을 상황에 따라 잘 구분해 사용하면 어떤 경우에도 반드시 이길 수 있을 것이다.

25조항 상대방의 입장에서 생각하기

싸움을 할 때는 상대방의 입장에서 생각해봐야 한다. 일대일 싸움이든 대규모 전투든 상대방의 심리 상태를 잘 꿰뚫고 있어야 제압할 수 있기 때문이다.

자신보다 약한 상대를 강하다고 오인하거나, 적군 병력이 아군 병력보다 적은데도 알지 못하면 상대방에게 기회를 내주는 꼴이 된다. 이를 방지하고 좀 더 유리한 입장에서 상대방을 제압하기 위해선 공격하기에 앞서 상대의 입장이 되어 상황을 정확하게 살펴 볼 필요가 있다.

26조항 유연한 마음가짐

검을 휘두를 때는 되도록 마음을 크고 넓게 가지고 집착을 버려야 한다. 다만 상대방을 확실히 쓰러뜨리고자 할 때는 오로지 상대방을 쓰러뜨리겠다는 하나의 목표에 집중할 수 있어야 한다. 이렇듯 싸움을 할 때는 상황에 따라 마음을 유연하게 움직여야 한다.

27조항 연속 치기

상대방이 거리를 좁혀오면 검을 들어 상대방의 검을 치기도 하고 받아내기도 한다. 이때 어떤 동작을 취하든 상대방을 쓰러뜨리기 위한 것이어야 한다. 요컨대 싸움을 할 때는 몸·발·검에 상대방을 쓰러뜨리겠다는 강한 의지가 담겨 있어야 한다는 것이다.

오십에 읽는 오륜서

28조항 칠교 검법

'칠교 검법'은 좀처럼 승부가 나지 않을·때 상대방에게 몸을 밀착시켜 상황을 전환하는 기술이다. 이때 얼굴에서 허리, 발까지 마치 아교를 바른 것처럼 몸을 바짝 밀착시키는 게 요령이다. 조금이라도 틈이 벌어지면 상대방은 다양한 기술을 구사해 위기를 모면하려고 할 것이다. 그러므로 조금의 틈도 생기지 않도록 주의해야한다. 이 기술은 상대방이 공격하려는 징후를 '베개 누르기'로 저지한 후 침착하게 구사해야 한다.

29조항 짧은 팔 원숭이의 몸

'짧은 팔 원숭이의 몸'이란 팔을 뻗지 않고 몸을 움직여 상대방에게 몸을 밀착시키는 기술이다. 상황이 여의치 않을 때는 몸을 뒤로 빼고 손을 내뻗는다. 이때 손을 내뻗기 위해 몸을 뒤로 빼더라도 왼쪽 어깨는 상대방의 몸에 그대로 밀착시키고 있어야 하며, 손이 먼저 나가지 않도록 주의해야 한다. 상대방이 공격하려는 기미가 보이면 '베개 누르기'로 저지한 후 침착하게 구사해야 한다.

30조항 키 재기

상대방에게 다가설 때는 마치 키를 비교하듯 온몸을 곧게 펴고, 되도록 자신의 키를 높게 해 시선이 위에 있도록 해야 한다. 이때 몸을 밀착시키는 요령은 28조항과 동일하다.

31조항 문짝 같은 몸

상대방의 몸에 자신의 몸을 밀착시킬 때는 틈이 벌어지지 않도록 몸을 최대한 넓게 해야 한다. 상대방의 검과 몸이 곧게 펴지도록 해야 한다. 몸을 옆으로 붙일 때는 되도록 몸을 가늘고 곧게 해 상대방의 가슴에 자신의 어깨를 강하게 부딪쳐 밀어붙여야 한다.

32조항 상대방을 자유자재로 움직이기

상대방을 자신의 지시대로 움직이는 병졸이라고 생각하고 조금의 자유도 허락하지 않는다. 검을 휘두르든 뒤로 물러서든 상대방의 모든 행동이 자신의 통제 아래 움직이도록 해야 한다. 이때 상대방이 전략을 세워 위기를 벗어나지 못하도록 조금의 틈도 허용해선 안 된다.

33조항 유구무구

검을 취할 때 반드시 정해진 자세가 있는 건 아니다. 장소와 상황에 따라 자세에 구애받지 말고 어떻게든 상대방을 쓰러뜨리면 된다.

34조항 바위 같은 마음

'바위 같은 마음'이란 흔들림 없는 강하고 굳센 마음을 뜻한다. 모든 병법의 이치를 스스로 터득해 최고의 경지에 도달한 사람의

오십에 읽는 오륜서

마음은 인간은 물론이고 감정을 느끼지 못하는 식물들조차 감히 범접하지 못할 정도로 강인하다. 그러므로 무사는 비가 내리고 바람이 불어도 절대로 흔들리지 않는 바위와 같이 강인한 마음을 가져야 한다.

35조항 때를 아는 마음

무사된 자는 빠른 때를 알고 늦은 때를 알며, 피해야 하는 때와 피할 수 없는 때를 알아야 한다. 니텐이치류에서 말하는 '때를 아는 마음'이란 상대방을 쓰러뜨릴 수 있는 절호의 기회를 포착하는 통찰력을 의미하며, '직통(直通)의 마음'이라고도 한다. 공격할 기회를 포착하는 방법에는 여러 가지가 있는데, 자세한 내용은 말로 설명하겠다.

만리일공(萬里一空)

세상의 모든 이치는 하늘에서 비롯되어 하늘로 귀착된다. 바른 마음으로 열심히 수련해 병법을 구사하는 데 있어 조금의 흐트러짐도 없이 공명한 하늘의 경지에 도달한 사람은 반드시 승리한다. 이에 대해선 글로 설명하기 어렵고, 여러분 스스로 연구해 병법의 도를 터득해 나가야 할 것이다.

이상의 35개 조항은 병법의 견해를 비롯해 무사의 마음가짐에 이르기까지 니텐이치류가 추구하는 병법의 도를 간략하게 기록해 놓은 것이다. 내용이 다듬어지지 않아 표현이 다소 미흡하지만, 앞에서 설명한 내용이므로 쉽게 이해할 수 있으리라 믿는다.

다만 니텐이치류의 다양한 검법에 관한 소개와 말로써 설명하겠다고 언급한 부분은 기록하지 않았다. 좀더 자세한 내용은 말로 설명하기로 한다.

『병법 35개조』는 니텐이치류의 병법을 간결하게 기록한 것으로, 실제로는 제목과 달리 한 가지 조항이 덧붙여져 36개 조항으로 이뤄져 있다. 『병법 35개조』가 『오륜서』보다 먼저 집필되었다는 주장도 있으나 설득력이 떨어진다. 초고 상태의 『오륜서』를 집필하는 과정에서 구상된 별고(別稿)로 해석하는 게 바람직하다.

오십에 읽는 오륜서

‖ 부록 3 ‖
「독행도」 전문

1. 세상의 도리를 거스르지 않는다.

2. 내 한 몸을 위해 육체적인 안위를 꾀하지 않는다.

3. 남에게 의지하지 않는다.

4. 내 한 몸을 가볍게 여기고 세상을 중히 여긴다.

5. 일평생 욕심을 부리지 않는다.

6. 사사로운 일을 후회하지 않는다.

7. 남을 시기하거나 증오하지 않는다.

8. 어떤 경우에도 이별을 슬퍼하지 않는다.

9. 누구에게도 원망하는 마음을 품지 않는다.

10. 연정을 품지 않는다.

11. 어느 것에도 편애를 두지 않는다.

12. 거처할 집을 욕심 내지 않는다.

13. 몸에 좋은 음식을 바라지 않는다.

14. 값어치가 될 만한 골동품을 일체 소유하지 않는다.

15. 흉한 징조에도 몸을 사리지 않는다.

16. 무기 이외의 다른 도구에 마음을 허비하지 않는다.

17. 병법의 도를 이루기 위해서라면 죽음도 두려워하지 않는다.

18. 훗날을 대비해 재물을 축적하지 않는다.

19. 부처님을 경배하되 의지하지 않는다.

20. 목숨을 버릴지라도 명예와 자긍심은 버리지 않는다.

21. 항상 병법의 도를 마음에 둔다.

「독행도」(구마모토 현립미술관 소장)는 미야모토 무사시가 죽음 직전에 일생을 되돌아보며 자신의 신조를 21개 조항으로 기록한 글로, 그의 인간 됨됨이가 잘 드러나 있다. 무사시의 필적(筆跡)을 만나볼 수 있는 문서라는 점에서도 가치가 높다.

오십에 읽는 오륜서

오십에 읽는 오륜서

초판 1쇄 발행 2023년 7월 25일

지은이 | 김경준
펴낸곳 | 원앤원북스
펴낸이 | 오운영
경영총괄 | 박종명
편집 | 김형욱 최윤정 이광민 김슬기
디자인 | 윤지예 이영재
마케팅 | 문준영 이지은 박미애
디지털콘텐츠 | 안태정
등록번호 | 제2018-000146호(2018년 1월 23일)
주소 | 04091 서울시 마포구 토정로 222 한국출판콘텐츠센터 319호(신수동)
전화 | (02)719-7735   팩스 | (02)719-7736
이메일 | onobooks2018@naver.com   블로그 | blog.naver.com/onobooks2018

값 | 17,500원
ISBN 979-11-7043-431-3 03190